Ludwig Geiger

Ludwig Börnes Briefe 1828

Verone

Ludwig Geiger

Ludwig Börnes Briefe 1828

1st Edition | ISBN: 978-9-92500-009-8

Place of Publication: Nikosia, Cyprus

Erscheinungsjahr: 2015

TP Verone Publishing House Ltd.

Ludwig Börnes Briefe aus dem Jahre 1828.

Ludwig Geiger

Ludwig Börnes Briefe 1828

Verone

Ludwig Börnes

Berliner Briefe

1828

Nach den Originalen
mit Einleitung und Anmerkungen herausgegeben

von

Ludwig Geiger

Vorwort.

Die in diesem Bande abgedruckten Briefe dürfen als inedita gelten. Allerdings stehen in Börnes nachgelassenen Schriften Band III (Mannheim 1847, S. 233—330) 21 Briefe Börnes an Jeanette Wohl, die aus Berlin 1828 geschrieben sind; aber einerseits ist die Ausgabe jetzt so ziemlich verschollen und in keiner späteren Ausgabe von Börnes Schriften wiederholt; andrerseits ist der Inhalt der Briefe so dürftig·(die kleine Seite jener Ausgabe hat etwa den Inhalt einer halben Seite der vorliegenden), und endlich ist der Text ganz willkürlich gestaltet.

Diese Willkürlichkeit besteht in Auslassungen und Ver= änderungen mannigfachster Art. Die Herausgeber (die Erben des literarischen Nachlasses) ließen alles aus, was ihnen nur irgendwie bedenklich schien, weil es etwa lebenden Personen oder deren Nachkommen nicht ganz angenehm klingen konnte. Ihre Streichungen waren so energisch, daß das meiste Satirische geopfert wurde. Aber selbst gar nicht bös gemeinte Betrachtungen, z. B. die Gegenüber= stellung der beiden Schwägerinnen (Henriette Herz und Frau Dr. Herz, S. 3, Z. 9 ff.), wurden fortgelassen. Eine sehr große Anzahl von Namen, über deren Träger gar nichts Verfängliches gesagt wurde, wurden entweder mit Initialen bezeichnet oder mit Sternchen angedeutet, so daß der Leser, der jener Zeit fern stand, sehr oft durchaus nicht wußte, wer gemeint ist. Die Grundsätze, von denen die Herausgeber sich leiten ließen, bestanden ferner hauptsächlich darin, alle Intimitäten, die von Börne Frau Wohl gegenüber geäußert wurden und geäußert werden durften, ausgelassen wurden; daher wurde das häufig vorkommende „Du" der Anrede in „Sie" verwandelt, alle Anrufungen der Geliebten mit „Bärbelchen", die Bezeichnung des Briefschreibers als „Hans" oder „Charles" (auf den Gebrauch dieses Namens hatte Börne ein Anrecht, denn außer dem uns geläufigeren Vornamen „Ludwig" hatte er auch den „Karl" bei seiner Taufe am 5. Juni 1818 empfangen [Holzmann, Börne, S. 94]) weggelassen, allerliebste kleine Unterschriften wie „Börne geborene Wohl oder geborene Jeanette" gestrichen, jede Anspielung auf die künftige Verheiratung, die ernstesten Auseinandersetzungen, wie und wo diese Verehelichung stattfinden könnte und sollte, getilgt. Auch die Kleinigkeiten, die gerade einem intimen Briefwechsel Reiz verleihen: Äußerungen über geschäftliche, häusliche Angelegenheiten wurden geopfert. Außerdem wurde alles entfernt, was nur irgendwie Anstoß hätte erregen können: fast alles, was zur Charakteristik der bedeutenderen Persönlichkeiten des Berliner Kreises dienen konnte, jede herabsetzende Bemerkung gegen Frankfurter Einrichtungen und Zustände, alle wegwerfenden Äußerungen über jüdische Eigenheiten. Hätte ich in dem vorliegenden Bande eine kritische Ausgabe beabsichtigt, so würde ich in Anmerkungen oder einem kritischen Anhang jede Veränderung gebucht, jede Auslassung genau verzeichnet haben. Da dies bei dem Plane der vorliegenden Edition völlig ausgeschlossen war, so begnüge ich mich, um den Lesern wenigstens einen Begriff von dem Unterschiede dieser Ausgabe von der einzig existierenden zu geben, damit, einen

einzigen, zufällig herausgegriffenen Brief unserer Samm=
lung, Nr. 3 vom 20. Februar 1828, genau durchzunehmen.
Der Anfang stimmt bis „mehrere Leute waren" (unten
S. 3 vorl. Z.), die Worte „doch keine sonderlich inter=
essante" sind ausgelassen; die unschuldige Bemerkung
(S. 12 Z. 2) „man bleibt . . usw." fiel dem Stift der
Herausgeber zum Opfer; daß der Neffe (der Name Spiro
wurde unterdrückt) „immer die Hand vor den Mund hielt",
schien den Herausgebern anstößig. Der Satz „er kennt"
bis „lernen" (S. 12 Z. 7. 8), wodurch das Folgende über=
haupt erst verständlich wird, fiel fort. In der Schilderung
der Gesellschaft bei Mendelsohns wurde gestrichen: die
kurze Bemerkung über die Frau (S. 12 Z. 18 ff.), ferner
die über den Mann und die ganze große Charakteristik der
Marianne Saaling (von S. 12 letzte Z. bis S. 13 Z. 28).
Die lange Stelle über „Hans" verschwand wegen ihrer
scheinbar großen Bedenklichkeit und damit gleich alles An=
schließende (S. 15 Z. 14 bis S. 16 Z. 10). Die Stelle
über die Sängerin Bamberger (S. 16 Z. 23 f.) erschien
den Herausgebern ebenso anstößig wie die Bezeichnung
Heines als des „Hans" von Frau Wohl (S. 16 Z. 6 v. u.).
Ebenso schlimm oder noch schlimmer ist es in den anderen
Briefen. Die wichtigsten Stellen über Marianne Saaling,
die witzigen und moquanten Stellen über Henriette Herz
fehlen fast durchaus. Die mitgeteilten Billete Berliner
Damen, Börnes Gedicht sind gestrichen. Die Berliner
Witzproben (S. 17 Z. 3 ff.) fanden keine Gnade vor den
Augen der Editoren. Die Streichung einzelner Stellen
über Frankfurt könnte man aus lokalem Frankfurter
Interesse erklären; aus demselben Grunde · vielleicht auch
die Auslassung der Bemerkungen über das „Alexanderfest"
(S. 34 Z. 14 ff.). Warum aber die herben Worte über
Spontini (S. 18 Z. 12 ff.) daran glauben mußten, die doch

dem allgemeinen Urteil des Berliner Publikums ent=
sprachen, ist nicht einzusehen. Nicht selten sind in diesem
Briefe wie in allen übrigen die Auslassungen durch Punkte
bezeichnet, häufiger aber auch nicht einmal dies, so daß der
Leser gar nicht ahnen kann, wo etwas ausgelassen ist.

Durch solche Willkürlichkeiten wurde der Charakter der
Briefe völlig geändert, ja zerstört. Von den zahlreichen
z. T. hochbedeutenden Stellen über die Schwestern Saaling
war in dem ersten und einzigen Drucke fast nichts übrig
geblieben, und bei den wenigen, da die Namen nicht ge=
nannt, sondern nur durch Sternchen angedeutet waren, wußte
man gar nicht, worauf sie sich bezogen. Da seit dem ersten
Druck beinahe 60 Jahre vergangen sind, die Rücksichten, die
man damals zu nehmen glaubte, geschwunden sind, übrigens
auch die ganze Art von der Auffassung des Rechtes und
der Pflicht eines Editors sich vollkommen verändert hat,
glaubte ich alle diese Bedenklichkeiten schwinden lassen zu
müssen. Ich gebe daher im Folgenden den Text der
Briefe im wesentlichen so, wie sie geschrieben worden sind
und behalte namentlich auch die Orthographie und die
gelegentlich vorkommenden kleinen Sprachschnitzer Börnes
bei. Ich habe mich ferner nicht gescheut, auch unbedeutende
Bemerkungen über rein geschäftliche Angelegenheiten, Be=
sorgungen, Aufträge beizubehalten, und es schien mir ebenso
unbedenklich, recht derbe Stellen über Ludwig Robert und
seine Frau, besonders auch über Amalie v. Hellwig u. a.,
stehen zu lassen, wie die kleinen Zärtlichkeitsäußerungen
Börnes bekannt zu geben.

Gewisse Schranken glaubte auch ich allerdings mir
auflegen zu sollen. Manche völlig belanglosen Kleinigkeiten
wurden entfernt, durch Punkte angedeutet, und über ihren
Inhalt mit kurzen Worten referiert. Ferner blieb fort,
was Salomon Strauß, der spätere Gatte von Jeanette,

der die Briefschätze Jahrzehnte eifrig behütete, selbst un=
leserlich gemacht hatte. Es wäre vielleicht möglich ge=
wesen, die eine oder andere dieser Stellen zu entziffern,
doch schien es mir pietätlos, den Willen des Mannes zu
verletzen, der ein vollgültiges Anrecht auf diese Briefe besaß.
Ferner habe ich drei größere Stellen entfernt, weil ich
die Verantwortung für ihr Bekanntwerden nicht tragen
mochte: die eine über die Tochter des berühmten Bild=
hauers Rauch, zwei andere über Marianne Saaling, —
alles Frivolitäten, mit deren Bekanntwerden keinem Menschen
gedient, das Andenken an bedeutende Persönlichkeiten aber
schwer gekränkt werden konnte.

Sonst sind die Texte vollständig nach dem Original,
und zwar buchstäblich, also auch mit Beibehaltung aller
kleinen Sonderbarkeiten des Schreibers, abgedruckt. Die
leichten Briefe mit einem großen Kommentar zu be=
schweren, wäre nicht zweckmäßig gewesen; als wichtigste
Aufgabe der Anmerkungen erschien mir die Erklärung der
Berliner Ereignisse und die Beifügung kurzer biographischer
Notizen zu den erwähnten Persönlichkeiten; dafür boten die
„Vossische" und die „Spenersche Zeitung", sowie einzelne
literarische Zeitschriften ein ziemlich ausreichendes Material.
Über Frankfurter Persönlichkeiten beantwortete Herr Pro=
fessor Krakauer in dankenswerter Weise meine Fragen, für
einige andere gab Frau Dr. Johanna Schnapper = Arndt
erwünschte Aufklärung. Leider versagte eine Quelle voll=
kommen, nämlich die Briefe der Adressatin, Frau Jeanette
Wohl. Während ihre Briefe an Börne sonst fast lückenlos
erhalten sind, waren die Antworten auf die Berliner Briefe
weder im Original noch in einer vorhandenen Kopie zu
finden. Auch in dem genauen Register ist nichts auf=
geführt. Es ist daher zweifellos, daß sie nicht mehr
existieren, und höchst wahrscheinlich, daß sie von Jeanettens

späterem Gatten, Salomon Strauß, wegen ihres Inhalts, wegen des Eingehens auf die damals beabsichtigte Heirat mit Börne entfernt worden sind. Dadurch ist es leider unmöglich geworden, manche Anspielungen in Börnes Briefen aufzuklären.

Das sehr schön erhaltene Original befindet sich im Besitze der Börne=Administration in Frankfurt a. M., deren Mitglied ich bin. Ich habe die Mitadministratoren veranlaßt, diese Manuskripte der Öffentlichkeit zu übergeben und damit den Anfang zu größeren Publikationen aus dem Nachlaß zu machen. Als Ziel schwebt uns eine große historisch=kritische Ausgabe von Börnes Schriften vor, für die der bisher noch nie benutzte Nachlaß das kostbarste Material gewähren würde.

Berlin, 15. Juli 1905.

Ludwig Geiger.

Einleitung.

Drei Frauen sind es vorzüglich, die in den folgenden Blättern dem Leser entgegentreten: die Adressatin der Briefe Jeanette Wohl in Frankfurt, Henriette Herz und Marianne Saaling in Berlin. Jeanette Wohl ist in der Literatur sehr verschieden beurteilt worden. Man wußte lange Zeit nur ganz allgemein, daß Börnes Pariser Briefe und die zahlreichen in seinem Nachlaß mitgeteilten Episteln an sie gerichtet sind. Über ihr Wesen waren durch Heines Spöttereien häßliche oder unwahre Nachrichten im Schwange; sie sind erst durch die liebevolle, feinsinnige und auf gründlichster Kenntnis beruhende Studie Gottlieb Schnapper-Arndts zerstört worden. Nach dieser Skizze (Westermanns Monatshefte Bd. 62, 1887) sei hier ein kurzer Lebensabriß mitgeteilt, zugleich mit dem Hinweis darauf, daß aus den vollständig erhaltenen Briefen der Jeanette an Börne demnächst eine größere Auswahl erscheinen soll.

Jeanette Wohl — das ist der Mädchenname der würdigen Frau — ist am 16. Oktober 1783 geboren und am 27. November 1861 gestorben. Sie war 22 Jahre alt, als sie sich 1805 mit Leopold Ott verheiratete. Bald nach eingegangener Ehe überzeugte sie sich, daß der Gatte, der sehr reich war, nicht für sie paßte, pflegte ihn zwar bei einer schweren Krankheit, setzte es aber durch, daß sie von ihm geschieden wurde. Sie nahm bei der Trennung keinerlei pekuniäre Vergünstigung an, sondern lebte von ihrem nicht übermäßig großen väterlichen Vermögen; ihre Mutter blieb noch mehrere Jahrzehnte am Leben. Im Jahre 1816 lernte sie Börne kennen, und fast unmittelbar nach dieser Bekanntschaft entwickelte sich zwischen beiden ein herzliches Einverständnis.

Es war ein inniges geistiges Zusammenleben mit der Traulichkeit einer zarten Freundschaft gepaart, wie sie sich zwischen reifen Frauen (Jeanette war 3 Jahre älter als Börne) und kränklichen Männern leicht bildet. Sie wurde „Börnes Gedächtnis und sein literarisches Gewissen. Sobald irgend ein Projekt seiner Feder entfloh, bewahrte sie es auf, um immer wieder darauf zurückzukommen."

Dieser Zusammenhang hörte aber auch während der zahlreichen, mitunter lange dauernden Reisen nicht auf, die Börne nach manchen Städten Süddeutschlands, seit 1822 auch nach Frankreich unternahm, sondern wurde immer inniger. Denn während Börne beim Zusammenleben manches kleine Ereignis für gar zu unbedeutend hielt, manches Geschriebene nicht erwähnte, in der Voraussetzung, es würde der Freundin auch ohnedies bekannt werden, führte er auf Reisen sorgfältige Tagebücher und schrieb für sie alles auf, was er beobachtete, erfuhr und dachte. Und sie war es auch, die das zunächst für sie allein Ge= schriebene anderen zugänglich zu machen suchte. Auf ihr Drängen ist z. B. „der Eßkünstler im weißen Schwan" gedruckt worden, den Börne ursprünglich als Scherz für die Freundin niedergeschrieben hatte. Er erklärte sich bei solchen Scherzen als ihr Eigentum, nannte sich z. B. Jean Bien, also Johann Wohl. Sie drängte ihn nicht bloß zu neuen Publikationen, sondern suchte ihn zu be= stimmen, älteren öffentlich anerkannten Verpflichtungen nach=

zukommen. So konnte sie nicht begreifen, wie Börne sich
etwas gar zu genial darüber hinwegsetzte, daß er das
Pränumerationsgeld für den zweiten Band der „Wage"
empfangen und nur 5 Hefte dieses Bandes geliefert hätte,
sondern spornte ihn unermüdlich an, das Schuldige zu
liefern. Sie war es vornehmlich, die die Anregung zu
dem Druck der Pariser Briefe gab, weil sie erkannte, daß
die Bevorzugung möglichst leichter Formen für Börne das
Beste sei, daß er um so schöneres leiste, je mehr er sich
gehen lasse. Daher bestimmte sie ihn, diese privatim an
sie gerichteten und zunächst für sie ausschließlich bestimmten
Briefe zum Drucke vorzubereiten.

Doch, wie sie seine Tätigkeit anspornte, so trieb sie
ihn auch, wenn sie dies seiner Natur für angemessen fand,
zum Müssiggang. Sie wollte in Rücksicht auf seine schwäch=
liche Konstitution, daß er sich nicht übermäßig anstrenge,
sie war ängstlich besorgt für seine Gesundheit, seine Be=
quemlichkeit, seine Ruhe. Sie war ferner sein Finanz=
minister: sie berechnete die Bogenzahl seiner Schriften und
die Honorare, die er zu erwarten hatte, ja sie setzte, einem
anmutigen Aberglauben folgend, in die Lotterie, um die
Summen zu erlangen, die zur Befriedigung seiner Wünsche
nötig waren, und endlich spendete sie selbst, wo es anging,
aus ihrem bescheidenen Vermögen.

Sie war eine gebildete, kunstliebende und kunstübende
Frau, sie sang angenehm und spielte nicht ohne Fertigkeit
Klavier und Guitarre. Sie schrieb ziemlich korrekt und
ohne all zu starke Sünden gegen die Orthographie. Sie
las mit Vorliebe Rousseau, Jean Paul, Walter Scott, sie
unterrichtete sich über Geschichte und Politik und teilte mit
Börne den radikal demokratischen Standpunkt. „Eine
ideale Aufrichtigkeit atmen ihre Briefe, kein unwahres
Wort befleckt sie."

In harmonischer Eintracht lebte das Freundespaar
länger als ein Jahrzehnt. Nur einmal, 1828 — und ge=
rade deswegen sind unsere Briefe so wichtig — war der
Plan fest ins Auge gefaßt, eine nähere Verbindung ein=
zugehen, den Freundschaftsbund in ein eheliches Verhältnis
zu verwandeln, doch kam diese Idee auch damals nicht zur
Ausführung. Der Grund, daß die Ehe nicht zustande kam,
lag wohl einerseits in dem Umstand, daß Jeanette ihre
streng orthodoxe Mutter nicht kränken wollte, anderseits
in den vielen körperlichen Leiden Börnes, die ihm eine
Verheiratung unrätlich erscheinen ließen, bei ihr vielleicht
auch in dem Bedenken, die reine Idealität des Verhält=
nisses durch eine Ehe zu stören oder zu verletzen. Früher,
1821, hatte Börne die Freundin sogar zu bestimmen ge=
sucht, einen anderen zu heiraten; als sie sich 1832 (also
fast 50 Jahre alt) mit Salomon Strauß (geboren 30. April
1795, also 12 Jahre jünger als Jeanette, gestorben 1865)
vermählte, war er durchaus mit dieser Verbindung ein=
verstanden. Sie betrachtete es als erste Bedingung dieser
Ehe, daß in ihrem Verhältnis zu Börne nichts geändert
würde. Sie hat dies ihrem Verlobten gegenüber „mit
erschütternder Gewalt in Worten ausgedrückt, wie sie
ergreifender kein Dichter gefunden“. Diese Worte, die am
besten ihr Wesen und ihr Verhältnis zu Börne darstellen,
lauten so:

„Der Doktor hat niemanden auf der Welt als mich,
ich bin ihm Freundin, Schwester, alles was sich mit diesem
Namen Freundliches, Teilnehmendes, Wohlwollendes im
Leben geben, bezeichnen läßt. Wollte ich ihm das miß=
gönnen, ihm, der nichts weiter hat im Leben und sich mit
dem Schicksal abgefunden hat, . . . ja sich dabei glücklich
fühlt. Ich freute mich damit, der Gedanke machte mich
so glücklich, daß er an Ihnen eine feste Stütze, einen

reblichen, offenen, guten Menschen zum Freunde gewinnen
solle; ich konnte mir's nicht anders denken, der Doktor
muß bei uns sein können, wann, wo und so oft und für
immer, wenn er es will — ich kann jetzt nicht S i e sagen,
das Herz ist mir zu voll — kannst Du Dir es anders
denken — dann ist alles anders wie ich es mir dachte.
Ich! Wir! sollten einen Mann wie den Doktor verlassen
können — er wäre ein aufgegebener, verlorener Mann!
Lieber alles verlieren, lieber nicht leben als das auf mein
Gewissen laden; auch könnte ich es nicht, wenn ich auch
wollte . . . Schon diese wenigen Worte, die ich darüber
geschrieben, haben mich zittern und leichenblaß gemacht.
Denn nichts kann tiefer erschüttern, als auch nur der
leiseste Gedanke an einen Verrat, nur der leiseste Gedanke
der Untreue an der Treue. So lange ich lebe, bis zum
letzten Atemzuge, werde ich für Börne die Treue, die
Liebe und Anhänglichkeit einer Tochter zu ihrem Vater,
einer Schwester zu ihrem Bruder, einer Freundin zu ihrem
Freunde haben. Wenn Du das Verhältnis nicht so auf=
faffest, nicht begreifst, mich nicht genug kennst . . . so ist
alles aus und Nacht."

Wirklich änderte sich durch ihre Verheiratung ihr Ver=
hältnis zu Börne nicht. Nachdem die Ehe am 7. Oktober
1832 in Frankfurt vollzogen war, lebte sie in Gemeinschaft
mit ihrem Mann 1833 fünf Monate lang in der Schweiz
mit Börne zusammen; von Ende 1833 bis zu seinem Tode
lebte Börne mit den Freunden während des Sommers in
Auteuil, während des Winters in Paris. Jeanette, die in
viel höherer Weise als manch andere Dichterfreundin die
Werke ihres Genossen als durch sie hervorgerufen und an
sie gerichtet betrachten durfte, wurde dann die Herausgeberin
dieser Schriften.

Von den beiden Berliner Frauen, die in den nach=

folgenden Briefen außerordentlich häufig erwähnt und ausführlich charakterisiert werden, ist Henriette Herz (geb. 5. September 1864, gest. 22. Oktober 1848) bekannt genug. Die Briefe, die der jugendlich erregte, leidenschaftlich verliebte Jüngling Börne an Henriette Herz schrieb (1803 bis 1807), sind seit 1861 gedruckt; vor kurzem (Oldenburg 1905) ist eine neue Ausgabe dieser Briefe durch mich herausgegeben worden, der die bisher unbekannten Antworten der Henriette, verständige, dämpfende Auseinandersetzungen einer ruhigen, welterfahrenen Frau, beigegeben sind. Der Hauptreiz dieser Publikation, auf den die Leser der vorliegenden Sammlung hingewiesen sein mögen, besteht darin, daß sie beweisen, wie die Schreiberin, weit entfernt davon, die Liebesglut des Knaben oder Jünglings zu erwidern, vielleicht früher als irgend ein anderer die großen Geistesgaben des damals noch sehr Unreifen erkannte, an seine Zukunft glaubte, wenn sie auch die Faulheit, das Sichgehenlassen, die Überhebung des jungen Menschen einsah und mit dem Tadel über alle die schlimmen Eigenschaften ihres Schützlings nicht zurückhielt. Ich habe in der Einleitung zu jener Neuherausgabe eine ausführliche Charakteristik Henriettes und eine Gesamtdarstellung des Verhältnisses zwischen ihr und Börne gegeben und darf wohl auf sie verweisen, ohne mich darüber hier weiter zu verbreiten. Nur eine Notiz gebe ich lieber hier als in der Anmerkung. Börne erzählt (unten S. 104) den Abschied von Henriette, daß sie ihm die Wange zum Kusse gereicht habe und schließt mit dem bösen Wort: Il vaut mieux jamais que tard. Dieser Brief muß Frau Wohl amüsiert haben, denn Börne schreibt in einem ungedruckten Briefe aus Kassel 8. Mai Folgendes: „Nicht wahr, das kleine Unglück mit dem Kusse der Herz war artig? Aber das Schönste von der Sache habe ich zu erzählen vergessen.

Nachdem ich sie geküßt, dankte ich ihr Abschied nehmend für
alle die Güte, die sie in Berlin für mich gehabt. „Ich
danke für alles," sagte ich, „besonders für das Küßchen."
Da lächelte sie gewaltig, denn sie dachte, ich meynte das
eben erhaltene Küsschen. Ich aber meynte das Kräuter=
kisschen, das sie mir für mein dickes Gesicht einige Wochen
früher gemacht. Das war ein närrisches Desappointement
und es wieder gut zu machen, mußte ich sagen: ich danke
für beide Küsschen."

Viel ausführlicher als von Henriette ist von einer
anderen Berliner Dame, von Marianne Saaling, die Rede.
Dies ist ganz natürlich. Henriette war der Korrespondentin
durch Erzählungen Börnes, wahrscheinlich auch persönlich,
bei dem Besuche jener in Frankfurt 1819 bekannt; Marianne
dagegen war Jeanette Wohl völlig unbekannt, ja sie trat
auch 1828 zum ersten Male in Börnes Briefen auf. Denn
Börne selbst hatte sie in Frankfurt, wo jene mehrere Jahre
geweilt hatte, nicht gesehen. Sie verdient an dieser Stelle
eine ausführlichere Betrachtung, wobei ich mich meiner
früheren Artikel aus der „Vossischen Zeitung" vom 19. und
20. Juli 1900 auszugsweise bediene, nicht aber den Versuch
mache, etwa die Widersprüche aufzuweisen, die zwischen
meiner, wie ich glaube unbefangenen historischen Darstellung
und der teilweise parteiischen Schilderung Börnes be=
stehen.

Helene Luise Marianne Saaling wurde zu Berlin am
11. April 1786 geboren und starb am 18. November 1868.
Sie stammte aus der Ehe des königl. Hofjuweliers Saaling,
Jakob Salomon, mit Cheileh (Helene), geb. Meyer Ben=
jamin Eger. Sie hatte sieben Schwestern, von denen die
eine als Schriftstellerin unter dem Namen Regina Frohberg
bekannt geworden, die andere, Julie, die Mutter Paul
Heyses ist, eine dritte, Klara, verheiratete Herz, die

Schwiegermutter des Freiherrn Karl Mayer von Roth=
schild war.

Aus ihrer Berliner Jugendzeit ist wohl bekannt, daß
sie auf manche Männer Eindruck machte, z. B. auf den
später berühmt gewordenen General Pfuel (1810), der die
Abweisung, die er damals erfuhr, viele Jahre später durch
Verunglimpfung bezahlte. Auf jene Vorwiener Zeit mag
sich eine Erzählung beziehen, die Marianne freilich in den
letzten Jahren ihres Lebens ihrem Arzte, Herrn San.=Rat
Vollmer, berichtete. Ich. gebe sie hier so wieder, wie der
Berichterstatter sie gehört und weitergegeben hat, wobei
man freilich nicht vergessen darf, daß eine alternde Frau
sie zu einer Zeit erzählte, wo ihr Gedächtnis schwächer
geworden war und ihre Phantasie Zeiten und Ereignisse
vermischte und verwechselte. So erzählte sie von mehreren
Zusammenkünften mit Goethe in Karlsbad und Teplitz.
In ersterem Badeorte soll ihre Bekanntschaft mit dem
großen Dichter so eingeleitet worden sein, daß sie mit vielen
wartend am Sprudel gestanden habe. Goethe habe dicht
hinter ihr gestanden und ungeduldig über das lange Warten
der Brunnennymphe zugerufen, sie möge ihm doch endlich
ein Glas reichen. Als dies geschah, sei etwas von dem
heißen Inhalt des Glases auf die Hand von Marianne
gefallen, und auf eine Entschuldigung Goethes, nachdem
sich Marianne jetzt erst umdrehte und ihn alsbald erkannte,
habe sie geantwortet: „Non dolet.“ (Es schmerzt nicht.)

Eine wirkliche Berühmtheit erlangte Marianne erst
auf dem Wiener Kongreß, wo sie eine viel bemerkte Er=
scheinung war. In dem Aufsatze von Julius Bacher „Die
Frauen auf dem Wiener Kongreß“, „Gartenlaube“ 1875,
Nr. 26, wird sie in folgender Weise geschildert, die, wenn
ich auch ihre Authentizität weder leugnen noch bestätigen
kann, für geeignet gehalten werden mag, ein Bild von ihr

zu geben; freilich muß ich dem Verfasser die Verantwortung für seine Angaben überlassen.

„Sie übte durch ihr stets heiteres, witziges und anregendes Wesen eine große, belebende Kraft auf die sich dort ansammelnde Gesellschaft aus. Sie wurde deshalb auch ‚die Adjudantin des Arnsteinschen Hauptquartiers‘ genannt. Ihre persönliche Erscheinung harmonierte vortrefflich mit ihrem Wesen. Obgleich von jüdischer Herkunft, besaß sie eine Fülle goldblonden Haares, blaue, hellleuchtende Augen und eine überaus zarte, rosige Gesichtsfarbe, welche Vorzüge durch schlanke, volle Körperformen noch wesentlich gehoben wurden. Alle diese Eigenschaften stempelten sie zu einer echt germanischen Mädchenerscheinung. Die ihr angeborene anmutige Unbefangenheit nahm sogleich jeden ein. Sie verstand es überdies, jede Vertraulichkeit in der liebenswürdigsten Weise abzulehnen, weshalb sie auch den Beinamen ‚Das Mädchen aus der Fremde‘ erhalten hatte. Fürsten, Mitglieder der Diplomatie, Kardinal Consalvi, Fürst Hardenberg, Herzoge und andere fanden in dem Arnsteinschen Salon die ungezwungenste Begegnung und trafen hier zugleich mit anderen Elementen aus der Gesellschaft zusammen.“

Während dieser Wiener Zeit verlobte sich Marianne mit dem spanischen Gesandten in Wien, Marialva. Die Verlobung konnte infolge der Krankheit des Bräutigams nicht zur Heirat führen. Auf diese Verlobung bezieht sich eine Äußerung des alten Körner vom 29. Oktober 1816: „Fräulein Marianne wünsche ich von Herzen das schönste Los, aber ich kann mich darüber nicht freuen, daß sie es so weit von uns finden soll.“ Über den Bräutigam hat Friedrich Schlegel in einem Briefe an seine Gattin Dorothea, Frankfurt, den 28. September 1818, folgende bisher unbekannte Schilderung gegeben: „Auf dem Johannisberg bei

Metternich sah ich Marialva. Dieser Mann sieht merkwürdig
aus, so weiß und weich wie eine recht feine Eierspeise, ein
Gesicht, dem man wenig anmerkt, so, als ob es vier= bis
fünfmal recht sorgfältig abgekocht wäre. Er ist nachher
einige Tage hier gewesen, und Marianne sieht seitdem recht
vergnügt und wieder wohl aus. Früher war dies nicht
der Fall, sie war krank in Schlangenbad, und man sieht es
ihr auch jetzt noch an. Daß sie nun getauft ist, wirst Du
schon wissen. Ich habe Dir einen Brief von ihr über
Wien geschickt." Bevor jedoch diese Verlobung stattfand,
war Marianne zu einem deutschen Dichter in Beziehung
getreten, der noch heute der Jugend wert ist, zu Theodor
Körner.

Körner lernte Marianne in Karlsbad 1811 kennen
und entbrannte, wie seine neuesten Biographen sagen, in
schwärmischer Liebe zu ihr. Damals — am 9. Juli 1811
reiste sie ab — entstanden seine Gedichte: „Der Neu=
brunnen", „Als sie von dem Brunnen Abschied nahm",
die beide an sie gerichtet sind; der gleichfalls für sie be=
stimmte „Zuruf am Neubrunnen" muß gleichfalls damals
gedichtet sein. Im folgenden Jahre überreichte er ihr in
Wien die „Erinnerungen an Karlsbad" mit einem tief=
empfundenen Gedicht. Diese Wiener Zeit zunächst noch vor
dem Kongresse war für Marianne eine der bedeutsamsten
ihres Lebens. Sie lebte im Hause oder jedenfalls in der
Nähe ihrer Verwandten Henriette v. Pereyra, geb. 29. Nov.
1780, gest. 13. Mai 1859. Gewöhnlich wird diese Frau
als Mariannens Cousine bezeichnet; dies nicht ganz mit
Recht, denn die Verwandtschaft besteht darin, daß ein Onkel
der Marianne, Leib Jakob Salomon Bartholdy, mit einer
Tante von Frau v. Pereyra (Bella Itzig) verheiratet war.
Henriette Pereyra ist also gleichfalls Berlinischen Ursprungs.
Sie war die Tochter der Freifrau Franziska v. Arnstein,

und diese wiederum eine Tochter des aus der Mendels=
sohnschen Zeit bekannten Hofbankiers Daniel Itzig. Die
beiden Frauen Marianne und Henriette werden von Körner
bezeichnet „als zwei große Ausnahmen innerer tüchtiger
Bildung mit allen Vorzügen der glatten Außenwelt ge=
schmückt". Zunächst handelte es sich zwischen Körner und
den beiden Frauen um einen literarischen Verkehr. Körner
brachte z. B. eine sehr schöne Geistergeschichte, welche die
Saaling erzählte, in Reime; es muß eine der beiden „Die
Taube" oder „Die Rose" gewesen sein, die Karoline Pichler
mit einigen Zusätzen später durch den Druck veröffentlichte.

Aus diesem literarischen Verkehr entwickelte sich bald
eine persönliche Intimität und hat manche Veranlassung
zu der Vermutung gegeben, daß durch dieses innige Gefühl
die Liebe Körners zu seiner Braut Toni Adamberger
erkaltet sei. Doch ist diese Vermutung schwerlich richtig.
Marianne war einige Jahre älter als Körner und gehörte
durch ihre Geburt und ihre Erziehung einem Kreise an, in
dem Körner durch eine Heirat sich festzusetzen schwerlich die
Absicht hatte; der Verkehr beider war seitens des Mannes
mehr eine romantische Huldigung, die ein junger Mann
gern einer schönen und geistreichen Frau widmet, seitens
der Frau das gewiß von jeder Erotik freie Verlangen, sich
von einem Dichter huldigen zu lassen.

Von den mannigfachen Zeugnissen dieser Beziehungen
sei nur das folgende Albumblatt angeführt:

„Und Frauenunschuld, Frauenlieb'
Gilt noch das höchste Gut,
Wo deutscher Ahnen Sitte blieb
Und deutscher Jünglings=Mut.
Noch trifft den Frevler heil'ger Bann,
Der diesen Zauber stört;
Wer für sein Lieb' nicht sterben kann,
Ist keines Kusses wert.

Auch Du haft noch nicht ausgeflammt,
Du heil'ge Religion;
Was von der ew'gen Liebe stammt,
Ist zeitlich nicht entflohn.
Das Blut wäscht die Altäre rein,
Die wir entheiligt sehn.
Die Kreuze schlägt man frevelnd ein,
Doch bleibt der Glaube stehn!

Er bleibt! — Mögen diese Zeilen Sie, teuerste Freundin, an ein ehrliches, wenn auch wildes und leichtes Herz erinnern, das gewiß Ihr heiliges, zartes und treues Gefühl zu schätzen und zu verstehen weiß. Bis in den Tod Ihr Freund Theodor Körner."

Auch manche andere poetische und prosaische Äußerung aus der letzten Wiener Zeit Körners und aus der kurzen Epoche seiner Anteilnahme an dem großen Kriege bekunden, daß das schöne Mädchen Eindruck auf ihn gemacht hat. Auch die Eltern des Dichters widmen der Freundin des Sohnes innige Sympathie; manche Grußworte von ihnen finden sich in den aus Dresden geschriebenen, an Freunde in der Residenz gerichteten Briefen des Ehepaares; als Körners nach Berlin übergesiedelt waren, standen sie mit Marianne im freundschaftlichen Verkehr. Von 1815 an lebte Marianne in Frankfurt bei ihrer Schwester, der schon erwähnten Frau Herz; später, wohl nach der Verheiratung ihrer Schwester Julie mit dem Dr. Heyse, dauernd in Berlin. In Frankfurt war sie mit einer Berlinerin zusammengetroffen, bie, obgleich einer früheren Generation angehörig, ihr wohl schon früher bekannt geworden war, mit Dorothea Schlegel. Außer gemeinsamen ästhetischen Interessen wurden die beiden Frauen geeint durch lebhafte religiöse Empfindungen. Marianne war, im Jahre 1818, gewiß mit Rücksicht auf ihren bereits mehrfach genannten Verlobten, zum Katholizismus übergetreten. Dieser Über=

tritt war aber bei ihr wie bei der Freundin Dorothea keineswegs etwas Äußerliches, sondern entsprach einem starken inneren Bedürfnis. Zeugnis dafür gibt Mariannes Wirken für ein katholisches Waisenhaus in Berlin. Darüber schrieb Dorothea Schlegel an ihren Sohn aus erster Ehe, den Maler Johann Veit, am 1. August 1838: „Diese auserwählte Seele (Marianne Saaling) wirkt nach allen Kräften zur Ehre Gottes für Kranke und Arme, und steht mit an der Spitze des Vereins für das katholische Waisen= haus; dieser und die ausdrückliche Erlaubnis der Regierung dazu ist als eine Wunderwirkung der Begebenheiten unserer Zeit zu betrachten; es hat bis jetzt noch nie ein katholisches Waisenhaus in Berlin stattgefunden." Für die Intimität zwischen Dorothea und Marianne gibt es aber auch sonst Zeugnisse genug: unter den Reliquien der letzteren befindet sich ein Blatt von Friedrich Schlegels Grabe, das Dorothea der Freundin geschickt, ferner manche Bücher mit Wid= mungen von Friedrich und Dorothea. In einem Exemplar von Thomas a Kempis' „Nachfolge Christi" hat Dorothea, Frankfurt, 11. April 1818, folgendes eingeschrieben: „Arbeiten, als sollten wir Jahrhunderte leben, beten, als müßten wir heute noch sterben."

Eines der letzterwähnten Zeugnisse führt uns schon in die Zeit, in der die sogenannte weltliche Periode in Mariannes Leben zu Ende war. Denn der größte Teil ihres Lebens war der Pflege der Kranken und der Sorge für die Unmündigen geweiht. Auf diese Tätigkeit bezieht sich auch ihr Wahlspruch, den ich gleichfalls dem jahrelang um sie bemühten treuen ärztlichen Berater verdanke: „Bei Armen bin ich reich, bei Kranken gesund geworden, bei Sterbenden habe ich leben gelernt."

Diese den eigentlichen Freuden der Welt abgewandte Periode, in der auch körperliche Leiden und wenn auch

nicht gerade Not, so doch Beschränktheit der materiellen
Mittel dazukam, um Marianne die Schwere des Lebens
kennen zu lehren, schien im Jahre 1834 ein Ende zu finden.
In jenes Jahr nämlich fällt ihre Verlobung mit Varn=
hagen von Ense, von der dieser in seinen Denkwürdigkeiten
Band 6 so ausführlich berichtet. Hier soll nur kurz folgendes
angedeutet werden.

Marianne gehörte zu den Kreisen, in denen auch Rahel
lebte und verkehrte. Rahel hatte sie geschätzt, ohne zur
Intimität mit ihr zu gelangen. Varnhagen war sie seit
seiner ersten Berliner Zeit 1803/4 bekannt. Aber sie wurde
erst nach Rahels Tode seine Freundin, und erregte teils
durch ein Bekenntnis ihrer vielen körperlichen Leiden, teils
durch das Geständnis ihrer Mittellosigkeit, vor allem durch
ihre immer noch große Schönheit Varnhagens Interesse,
ja Leidenschaft. Varnhagen besuchte sie oft und hat von
ihrer Umgebung ein hübsches Bild entworfen, in dem es
unter anderem heißt: „Alles, was an ihr und um sie war,
zeugte von Ordnung, Feinheit und Thätigkeit. Schon der
Anblick ihres Zimmers gewährte durchaus die behaglichste
Befriedigung. Alles schien an seinem Platz, in seinem
richtigen Verhältniß, alles reich geschmückt, auserlesen, und
war doch nur die einfachste Umgebung alltäglicher Dinge.
Marianne hatte von jeher die glückliche Eigenschaft, daß
ihre Anwesenheit den Raum, in dem sie sich befand,
gleichsam hell machte, wie etwa, wohin man ihn auch stelle,
ein prächtiger Rosenstock dies thut.“ Es kam zwischen
beiden, die sich nicht nur in der Wohnung ihres Schwagers
Heyse und im Krankenzimmer Mariannes häufig sahen,
sondern auch in Gesellschaften viel zusammentrafen, und die
von guten Freunden viel eher verlobt gesagt wurden, als
sie es wirklich waren, zu vertraulichen Eröffnungen. Diese

Eröffnungen führten im April 1834 zur wirklichen Verlobung. Der Tag zur ehelichen Verbindung war bereits
festgesetzt, da löste Marianne das Verlöbnis auf. Die Gründe,
die sie zu diesem Schritte führten, sind trotz der lang-
atmigen Schilderung Varnhagens, in der auch die ver-
trautesten Briefe beider personae dramatis abgedruckt sind,
nicht recht klar; Tatsache ist, daß die Fünfzigjährige sich
nicht in der Lage sah, zu einem beglückten Ehebunde zu
schreiten.

Aus jener Zeit besitzen wir folgende Äußerung der
Karoline Pichler, der ehemals viel gelesenen und sehr ge-
rühmten Romanschriftstellerin, an Dorothea Schlegel, Wien,
9. April 1836: „Marianne Saaling ist eines der Wesen,
zu welchen ich mich vom ersten Augenblick unserer Bekanntschaft an mit innigem Wohlgefallen gezogen fühlte und sie
nie ohne lebhafte Freude nach den vielen Zwischenräumen
wiedergesehen habe. In früherer Zeit, wo ich in dem Arnsteinschen Hause und jenem ganzen Kreise einheimischer
war, ward mir auch das Vergnügen, Frl. Saaling zu
sehen, öfter zuteil."

Nach jenen stürmischen Tagen des Verlöbnisses und
seiner Auflösung hatte sich Marianne völlig zur inneren
Ruhe gerettet nnd jene Abgeklärtheit gewonnen, die nur
das Resultat eines, wenn auch schweren, so doch glücklich
bestandenen Kampfes ist. Sie lebte in äußerer Ruhe und
innerem Frieden, zwar von manchen Gebrechen geplagt,
aber tätig und beglückt bis zu ihrem Ende 1868. „Sie
gehört zu jenen wahrhaft wohltätigen und eblen Frauen,
die, ohne allen Ehrgeiz, ohne das Streben, Ruhm zu
erlangen, nur durch das wirken, was sie sind, die aus
manchen Stürmen ihr edleres Selbst retten uud, frei von
allem falschen Schimmer, der doch nur kurze Zeit bleiben

kann, durch die volle Harmonie ihres Wesens die Mitlebenden
erquicken und den Nachgeborenen wie ein Stern aus dunkler
Vergangenheit herüberleuchten."

So ausführlich, wie eben geschehen, durfte von Marianne
Saaling geredet werden, weil sie die eigentliche Haupt=
person ist, über die Börne berichtet. Zuerst schwärmt er, dann
lästert er ein wenig, zuletzt wird er ganz abweisend, aber
immer macht er ein sorgfältiges Studium aus dieser merk=
würdigen Frau, deren Liebreiz, deren bewußte oder unbewußte
Koketterie, deren anmutiges Geplauder und deren gesellschaft=
liche Stellung es ihm angetan hatten. Börne kam, wie man
aus den späteren Briefen sieht, von dem günstigen, ja enthu=
siastischen Urteile zurück, das er in der ersten Zeit formuliert
hatte. Noch entschiedener spricht er sich gegen Marianne in
einem ungedruckten, gleichfalls an Frau Wohl gerichteten
Briefe aus Kassel aus, 8. Mai. Er bekennt, seit seiner
Entfernung aus Berlin nie an sie gedacht zu haben, und
faßt dann nach sehr heftigen Bemerkungen seine Meinung
in die Worte zusammen: „Sie ist wie ein Kotzebuesches
Schauspiel, das unterhalten, das bis zu Thränen rühren
kann, selbst mich, aber die Kritik hält es nicht aus."

Nicht mit derselben Ausführlichkeit können die übrigen
Persönlichkeiten, die in den nachfolgenden Briefen auftreten,
geschildert werden. Bei vielen ist dies nicht nötig, weil sie
dem gebildeten Publikum so bekannt sind, daß ihre Namen
nur genannt zu werden brauchen, um jedem vertraut zu sein.
Zu ihnen gehört der große Bildhauer Rauch, Alexander
von Humboldt, der geniale Naturforscher, der bestrickende
und doch oft verletzende Plauderer; die Mitglieder der
Mendelssohnschen Familie, die uns in S. Hensels weit
verbreitetem Buche so leibhaftig entgegentreten, namentlich
der frühreife Felix Mendelssohn=Bartholdy, dessen Mannes=
zeit seine geniale Knabenepoche nicht Lügen strafte.

Andere Persönlichkeiten werden in den nachfolgenden Briefen drastisch genug geschildert, wie Eduard Gans, der hochbedeutende Jurist, Politiker und Philosoph, dessen tief= gründige juristische Darlegungen und dessen fein zugespitzte feuilletonistische Plaudereien freilich bedeutsamer sind als die durch Börne hervorgehobenen Unmanierlichkeiten und Härten seines Wesens. Gleichfalls nicht sehr gut kommen in Börnes ¦Schilderungen die schon oben kurz genannten Varnhagen von Ense und seine Gattin Rahel Levin weg. Gewiß wird das Wesen der hochbedeutenden Frau von Börne nicht recht erkannt. Darin hat er wohl recht, daß Varnhagen die liberalen Allüren seiner früheren Zeit damals aufzugeben willens war, daß er, der Ehrgeizige, der noch nicht darauf verzichtet hatte, eine diplomatische Rolle zu spielen, damals das Höflingsgewand anzog, und daß er in dem Streben, in den aristokratischen Kreisen etwas zu gelten, durch Rahel bestärkt wurde. Aber der geistigen Kraft, die von Rahel ausging, und die sich in jedem ihrer Worte ausprägt, wird Börne, der es mit ihr und ihrem Gatten durch eine alsbald zu besprechende Schrift ver= dorben hatte, nicht gerecht.

Einer der wahrhaft großen damaligen Berliner, der Theologe F. D. E. Schleiermacher, wird von Börne nur ganz gelegentlich erwähnt. Unser Briefschreiber ver= mied ihn absichtlich, weil er ihn von seiner Hallenser Zeit her in unangenehmer Erinnerung hatte. Schleiermacher, der intime Freund von Henriette Herz, hatte den in diese schöne Frau verliebten Jüngling sehr von oben herab behandelt und im Gegensatz zu der in dieser Hinsicht schärfer blickenden Freundin die Bedeutung des noch halb dem Knabenalter angehörenden Studenten nicht zu erkennen vermocht; nun, da auch dieser zu Ehre und Ansehen ge= kommen war, wollte er die Beachtung nicht erzwingen, die ihm freiwillig nicht geboten worden. (Näheres über das Verhältnis Börnes zu Schleiermacher vergleiche in der Einleitung meines schon erwähnten Büchleins „Briefwechsel zwischen Börne und Henriette Herz.")

Über die meisten anderen, recht zahlreichen Menschen — mitunter nur Augenblicksberühmtheiten —, die in den Briefen erwähnt werden, erteilen die Anmerkungen Auskunft; nur von einem häufiger genannten Ehepaar und von einigen meist jüngeren Schriftstellern seien hier noch einige Worte hinzugefügt.

Das Ehepaar ist Ludwig Robert und seine Frau Friderike geborene Braun. Ihre Schönheit wird von allen Zeitgenossen gerühmt; über ihre Sittlichkeit sind die Stimmen geteilt. Ich habe in den Briefen der Therese Huber, einer zwar von Klatschsucht nicht ganz freien, aber durchaus nicht bösartigen Frau, manche recht anzügliche Bemerkungen über Friderike Braun gelesen, will aber derartige Schilderungen hier nicht mitteilen. Statt ihrer möge eine unbekannte Stelle aus einem ganz verschollenen Buche folgen. Theodor von Kobbe schreibt nämlich in den „Humoristischen Erinnerungen aus meinem akademischen Leben" Bremen 1840, I, 19: „Frau Robert, das schönste Weib, das meine Augen je erblickt haben. Die Ironie des Schicksals hatte diese Dame, ein würdiges Modell zu einer Madonna, in traurige, unwürdige eheliche Verhältnisse gebracht, von denen Robert sie nicht ohne große pekuniäre Opfer erlöste. Die schöne Frau wurde dadurch zum dankbaren Klärchen gegen ihren Erretter. Noch später hat mir die liebenswürdige Haizinger, ihre getreue Freundin, von der schwärmerischen Liebe erzählt, womit die Gattin Roberts an ihm hing. Ihr Herz brach mit seinen Augen, wenige Tage nachher wurde auch sie zur Erde bestattet. Von freudigen Gedanken über das Wiedersehen des liebenswürdigen Ehepaars erfüllt, vergesse ich nie die Erschütterung, welche die Antwort einer weinenden Frau in mir hervorbrachte, die ich bei der Annäherung des Leichenzugs um den Namen des Toten befragte. ,Es ischt halt ä Engel, die Witwe vo be Herr Dichter Robert.'"

Ihr Gatte Ludwig Robert, geboren am 16. Dezember 1778, gestorben 5. Juli 1832, war ein feingebildeter Schriftsteller ohne sonderliche Produktivität. Er hatte sich auf dem Gebiete der Lyrik und dem des Dramas versucht und auf beiden Erfolge errungen. Freilich das Wort des eben angeführten von Kobbe: „es ist mir allzeit auffallend gewesen, warum die Schriften Ludwig Roberts so wenig Epoche gemacht haben und selbst jetzt so wenig genannt werden", wird von wenigen geteilt, denn Roberts Schriften besitzen zu wenig Originalität in der Auffassung und zu wenig Selbständigkeit in der Ausführung, um wirkliche Dauer zu beanspruchen; aber durch seinen Gedichtzyklus „Kämpfe der Zeit" (1815) und durch sein Trauerspiel „Die Macht der Verhältnisse" hatte er Erfolge davongetragen, die ihm eine etwas mehr als ephemere und lokale Berühmtheit verschaffen und ihn in dem Glauben bestärkten, ein Dichter zu sein. (Näheres in meinem Buche „Berlins geistiges Leben" II, S. 431—434). Gerade damals (18. März) muß sein Liederspiel „Der Waldfrevel" einiges Aufsehen in Berlin gemacht haben, wie aus einem begeisterten Huldigungsgedicht Fouqués („Vossische Zeitung" 17. April) hervorgeht.

Unter den Schriftstellern jener Zeit werden die meisten nur kurz genannt. Etwas ausführicher wird Fouqué, der Romantiker besprochen, dessen Hauptruhm als dichterischer Bearbeiter nordischer Helden- und Reckentaten einer früheren Epoche angehört. Unter den zeitgenössischen Literaten treten Willibald Alexis, Gubitz, Saphir ge-

.legentlich hervor. Schon aus diesem Grunde sollen sie
hier nicht ausführlich behandelt werden, vielmehr begnüge
ich mich zur Ergänzung unserer Briefe, eine Stelle aus
den Pariser Briefen (2. Band, 74. Brief, Häringssalat)
hier mitzuteilen, obgleich in ihr gewiß die Phantasie
unseres Schriftstellers die wirklichen Vorgänge stark ver=
ändert, und in der der lebhafte Haß gegen Alexis die Be=
urteilung früherer Zeit stark zuungunsten des Schriftstellers
beeinflußte. Nebenbei mag bemerkt werden, daß Alexis,
als Börne die gleich folgende Stelle niederschrieb, noch wenig
geleistet hatte; seine großen märkischen Romane, die gerade in
unserer Epoche ihre glänzende Wiederauferstehung feiern, ge=
hören meist erst den vierziger Jahren an. Börnes Stelle lautet:

„Ich wohnte in der Stadt Rom. Am zweiten Tage
nach meiner Ankunft, morgens zwischen zehn und zwölf
Uhr, und 22 bis 24 Grade, kamen Robert und Häring
zu mir, schwarz gekleidet, in seidenen Strümpfen und über=
haupt sehr festlich zubereitet. Ich saß gerade beim Kaffee.
Börne! sagte Robert, trinken denn die Geister Kaffee?
Darauf sah er Häring an und wartete auf eine günstige
Recension seines Einfalls. Häring aber, der seinen Bei=
fall für sich selbst aufsparen wollte, sprach: „Warum nicht?
Im Kaffee ist Geist, schöne Geister begegnen sich, darum
trinkt Börne Kaffee." Darauf sagte er: O Börne! Sontag!
Göttlich! und fiel mir laut schluchzend um den Hals.
Robert aber sprach, mit bewegter doch fester Stimme: er=
mannen Sie sich, Referendar: wir wollen gehen, das Volk
harrt Ihrer, Börne. Wir gingen. Vor dem Hause be=
gegnete uns ein Mann, wir blieben stehen. Häring sprach:
Hofrat! Börne! Der Hofrat war erstarrt und rief:
Börne? Sontag — göttlich! Dann ging er. Nach zehn
Schritten kam wieder ein Mann. Robert sprach: Hofrat!
Börne! Der Hofrat war erstarrt und rief: Börne?

Sontag — göttlich! Etwas weiter begegnete uns wieder einer. Häring sprach: Hofrat! Börne! Der Hofrat war erstarrt und rief: Börne? Sontag — göttlich! So wurde ich unter den Linden vierunddreißig Personen vorgestellt, die alle Hofräte waren. Endlich erreichten wir den Pariser Platz. Ich hoffte, meine Leiden würden jetzt geendigt sein; aber nein. Man schleppte mich dem Tiergarten zu. Unter dem Brandenburger Tore machten wir Halt. Häring blieb mir zur Seite, damit ich nicht entwischte; Robert aber stellte sich mir gegenüber, zog ein dickes Manuskript aus der Tasche, es waren gewiß hundert Bogen, ich zitterte wie ein Espenblatt, und er fing zu lesen an: „Heil Dir im Siegerkranz, Vater des Vaterlands!" — Da schlug sich Robert vor die Stirn und rief: „Ich Esel, da habe ich den Waldfrevel statt der Rede eingesteckt!" Schadet aber nichts, ich weiß sie auswendig. „Edler Börne! Hier unter diesen Pferden, die einst die Franzosen schmachvoll nach Paris geführt, die wir aber glorreich wieder zurück= gebracht; hier unter diesen Pferden, wo Jahn einem Turn= jungen Ohrfeigen gegeben, weil auf die Frage: was er jetzt denke? der Junge geantwortet: er denke gar nichts, worauf Jahn gesagt: er solle daran denken, wie man die Pferde wieder schaffe; hier unter diesen Pferden denke ich" . . . . Lieber Robert, fiel ich ins Wort, ganz Berlin weiß, daß Sie unter Pferden ein denkendes Wesen sind, aber . . . Doch Robert ließ sich nicht einhalten und fuhr fort: „Hier unter diesen heiligen Hallen, glücklich nach= gebildet den Propyläen in Athen, welche eben so viele Talente zu erbauen gekostet, als Sie besitzen, nämlich tausend und zwölf; hier unter diesen schönen Talenten — ich wollte sagen Propyläen — wo einst die verdienten Männer des Altertums auf Kosten unseres geliebten Königs verpflegt worden, freie Kost, Wohnung, Heizung und Wäsche hatten, täglich eine Flasche Champagner und monatlich hundert Thaler Taschengeld" . . . . Der Referendar fiel hier dem Robert ins Wort und sagte: Lieber Robert, Sie faseln. Sie verwechseln Propyläen mit Prytaneen. Robert aber erwiderte ärgerlich: Prytaneen oder Propyläen, das ist mir alles eins. Er wollte fortfahren, ich aber, halb tot vor Hunger und Durst, raffte alle meine Kraft zusammen und sprach: „Lieber Robert! In den Prytaneen oder Propyläen, denn weil es Ihnen alles eins ist, ist es mir auch alles eins, bekamen die verdienten Männer des Vaterlandes, wenn sie Hunger hatten, ein Gebackenes zu essen, das man Madsa nannte. Sind Sie der Meinung, daß das Wort Mazza, womit Ihre Glaubensgenossen das ungesäuerte Brot bezeichnen, das sie an ihrem Passah essen, mit jenem griechischen Madsa verwandt sei? Ich bin nicht der Meinung, sondern ich stimme mit der des berühmten seligen Wolf überein, der in seinen Prolegomenen zum Homer gezeigt, daß das griechische Madsa nichts anderes gewesen als ein Berliner Pfannkuchen. Ach, lieber Robert! Ach, teurer Alexis! wie glücklich wäre ich, wenn ich jetzt ein Dutzend Pfannkuchen hätte! Aber wohlverstanden, von den guten in der Jägerstraße, mit einer Zuckerglasur und mit Aprikosen gefüllt." Robert, an den Rest seiner Rede denkend, sagte schmerzlich lächelnd: Herr, dein Wille geschehe! Sie führten mich zurück. Bald kam ein Mann, wir blieben stehen und Häring sagte: Justizrat! Börne! Der Justizrat erstarrte und sagte: Börne? Sontag — göttlich! Das wiederholte sich alle zehn Schritte, bis unter die Stechbahn. Dieses Mal aber waren es lauter Justizräte. Endlich traten wir bei Josti ein und dort wurde ich im Namen der preußischen Monarchie vor deren Stellvertretern mit Pfannkuchen, Schokolade und Madeira bewirtet. Häring überreichte mir den ersten Pfannkuchen

auf filbernem Teller und sprach: Börne! dieser Pfannkuchen
ist ein Bild Ihrer schönen Seele! Derüber mußte ich aber
in ein so unbändiges Lachen ausbrechen, daß ich die
Schokolade umstieß, die herabfloß und mir ein ganz neues
schwarzes Kleid zu Grunde richtete, das mir am nämlichen
Morgen erst der Schneider gebracht hatte."

Das journalistische Treiben war damals in Berlin
ziemlich lebhaft. Ein heftig geführter Kampf für und
wider das Theater beschäftigte die Gemüter. Holtei gab
eine theatralische Monatsschrift heraus, Saphir beleuchtete
Literatur, lokales Leben und Theater in der „Schnellpost"
und in dem „Courier". So vielen Beifall er auch mit
diesen täglich erscheinenden kleinen Blättern bei dem großen
Publikum fand, so verbarb er es durch seine schonungs=
lose Kritik und durch seine persönlichen gehässigen Aus=
fälle mit vielen Berliner Schriftstellern. Gegen seine er=
folgreichen Tagesblätter richtete sich ein Konkurrenzunter=
nehmen, die „Estafette", die indessen ihre Vorgängerin an
Langlebigkeit nicht einmal erreichte, geschweige überdauerte.
Auch sonst kam es zwischen Saphir und einigen Bühnen=
dichtern zu sehr lebhaften literarischen Scharmützeln; jene
gründeten gerade in der Zeit von Börnes Berliner Aufent=
halt einen Verein, aus dem sie Saphir ausschlossen; dieser
rächte sich durch eine heftige Satire, die Angegriffenen
blieben die Antwort nicht schuldig, und so kam es zu
literarischen Schlachten, deren Anfänge Börne noch mit
anzuschauen vermochte. (Über alle diese Dinge habe ich
ausführlich in „Berlins geistigem Leben" II, 511—524
gehandelt; ich darf wohl darauf verweisen, ohne das einzelne
zu wiederholen.)

Der Schriftsteller nun, der in diesen Kreis von
Journalisten und Poeten eintrat, stand damals noch keines=

wegs auf der Höhe seines Ruhmes. Wer heute von
Börnes großartigem Einfluß auf die deutsche Jugend
spricht, hat hauptsächlich seine Pariser Briefe im Auge,
die 1831 zu erscheinen begannen, und die, wie sie durch
die französische Revolution hervorgerufen wurden, auch
ihrerseits eine Umwälzung im literarischen Geschmack er=
zeugten. Und wer von den Neueren ihn zu den Toten
wirft und, statt ihm als Verstorbenen Gutes nachzusagen,
noch Zornreden in das Grab hineinruft, nimmt wiederum
die Pariser Briefe als Anlaß zu seinem Verdammungs=
urteil, weil er in ihnen, freilich durchaus unrichtig, eine Be=
schimpfung Deutschlands und eine Verherrlichung Frank=
reichs erblickt.

Der Börne des Jahres 1828 war noch nicht in erster
Linie Politiker. Freilich, wenn in den folgenden Briefen
überaus selten politische Nachrichten vorkommen, so darf
man sie nicht aus dem Mangel an politischem Interesse
erklären, sondern dürfte das Schweigen eher der Furcht
vor Öffnung der Briefe zuschreiben; denn es kommt
wenigstens einmal ein Jubelruf vor, daß seitens der Fürsten
so viel Torheiten geschehen, die der Sache der Freiheit zu
dienen vermöchten. Auch manche Anspielung auf Preußen
bezeugt, mit welcher Aufmerksamkeit Börne die Vorgänge
des Tages beobachtete.

Wäre er ausschließlich politischer Schriftsteller gewesen,
so würde er gerade in der preußischen Residenz verhältnis=
mäßig wenig Teilnahme gefunden haben, denn Berlin war
vor 1830 keine vorwiegend politische Stadt; das Interesse
für öffentliche Angelegenheiten war vielmehr eingeschlummert
bei der bekannten Aussichtslosigkeit liberaler Ideen. Aber
Börne vermochte selbst in Berlin Aufsehen zu machen, weil
er, um durch einseitige Behandlung öffentlicher Angelegen=
heit nicht zu ermüden, seine Bemerkungen über solche Dinge

in Abhandlungen der verschiedensten Art, in Skizzen, selbst in Theaterkritiken einzuschmuggeln verstand.

Er galt, da er nach Berlin kam, als hervorragender Schriftsteller. Zwar eine Sammlung seiner Schriften war bisher noch nicht erschienen. Aber durch seine Zeitschrift „Die Wage", die auch in Norddeutschland verbreitet war, durch seine zahlreichen Beiträge zu Frankfurter Zeitungen, vor allem zu dem bei Cotta erscheinenden „Morgenblatt" hatte er außerordentliches Aufsehen hervorgerufen. Zunächst wohl auch durch die Überraschung, die er vermöge seiner Art zu schreiben erregte. So ist seine „Monographie der deutschen Postschnecke. Beiträge zur Naturgeschichte der Mollusken und Testaceen" keineswegs bloß, wie es nach dem Titel den Anschein hat, eine naturwissenschaftliche Abhandlung oder, wie man aus dem Inhalt vermuten möchte, die Schilderung einer Postfahrt von Frankfurt nach Stuttgart, in der u. a. eine recht amüsante Selbst=ironie, eine witzige Zeichnung einzelner Reisetypen, z. B. eines von Memel nach Triest reisenden jungen Ehepaars, das infolge der langen Fahrt die Hoffnung hatte, ans Reiseziel einen neuen Weltbürger mitzubringen, sodann eines Turners und einer Französin vorkommen, sondern ist eine Satire gegen die öffentlichen Zustände. Es finden sich darin überaus boshafte Bemerkungen gegen Beamtenwillkür, gegen die Zerrissenheit Deutschlands, gegen den übertriebenen Teutonismus, sowohl dessen äußerliche Unarten als dessen innerliche Unberechtigkeit.

Gerade diese Art, Politik vorzubringen, lockte, aber auch sein Standpunkt selbst konnte in Berlin Freunde ge=winnen. Denn in seiner politischen Anschauung im all=gemeinen war Börne von einem ziemlichem Optimismus zu den leitenden Kreisen erfüllt; erst allmählich wurde er,

hauptsächlich infolge der Reaktion und beeinflußt durch die
französischen Ideen, zu einem Widersacher der Fürstengewalt. Das Radikal=demokratisch=republikanische bildete
sich doch zumeist infolge der französischen Revolution von
1830 aus. Vor dieser Erhebung war er nur ein leb-
hafter Gegner Österreichs als des Führers im Kampfe
gegen alle freiheitlichen Ideen, der Kleinstaaten, dieser
Karikatur der Fürstengewalt, aber durchaus kein un-
bedingter Feind Preußens, dem er vielmehr 1813 und
auch noch später die Führerrolle in der deutschen Bewegung und eine entscheidende Bedeutung für das Geschick
der Nationen überhaupt zusprach.

Wie solche Äußerungen dem geistreichen Mann in
Berlin Terrain eroberten, so mußte namentlich sein Auf-
treten gegen das willkürliche, rücksichtslose Verfahren der
Polizei und sein unermüdlicher Kampf gegen die Zensur
dort ein bereites Echo finden; denn durch solche Schilderungen
berührte er Leiden, die auch Berliner Autoren am eigenen
Leibe erfuhren, und stellte sie doch in neuer, unterhaltender
Manier dar, zugleich in einer solchen, der man anmerkt,
daß sie nur die innere Erregung verdecken, den starken
Zorn dämpfen sollte.

Ein noch stärkeres Echo fand er durch seine scheinbar
übertriebene und doch wahre Schilderung von Ver-
schwörungen und durch die trotz des scheinbar humoristischen
Tones ernste und gewaltige Beschreibung seiner eigenen
Gefangenschaft: war es doch die Zeit, in der auch in
Preußen die Regierung überall Verschwörungen witterte,
mit unerhörter Grausamkeit gerade die Vertreter der
Intelligenz, junge und alte Männer ins Gefängnis schleppte,
eine Haft, die für viele einen keineswegs so harmlosen
Ausgang hatte wie für Börne.

Was der Publizist von Deutschland erzählte, gewann

schon bekannten Dingen unbekannte Seiten ab; seine Pariser
Skizzen dagegen (1821 ff.) führten in eine unbekannte Welt.
Freilich hatten schon während der Zeit der großen Revolution
manche deutsche Autoren, angelockt durch die gewaltige
Umwälzung im Nachbarreiche, die auch ihrem Vaterlande
große Veränderungen zu verkünden schien, Frankreich be=
sucht und über Frankreich geschrieben, aber das eigentliche
Pariser Feuilleton, sowohl das in der Originalsprache ge=
schriebene als das nachgeahmte, war in Deutschland so gut
wie unbekannt. Börnes Pariser Skizzen begründeten in
Deutschland die vornehmere Journalistik. Sie führten
über den Rhein die bei uns für unnachahmlich gehaltene
französische Kunst des Plauderns, sie lehrten über das
Nichtige zu berichten mit Anmut und Witz, sie gewöhnten
das Auge daran, unbedeutende Vorgänge zu sehen und
das Kleine scharf zu beobachten, woran man früher vorbei=
gehuscht war, und das durch weit ausgesponnene Perioden
oder durch hochtönende Deklamationen verbildete Ohr
epigrammatisch zugespitzten und doch wohlgefügten Sätzen
zu lauschen.

Es ist völlig ungereimt, in diesem Stil, wie man es
häufig getan hat, etwas Jüdisches erkennen zu wollen, denn
Börnes hebräisch=jüdische Bildung war außerordentlich ge=
ring, und von deutschen Schriftstellern jüdischen Glaubens,
deren es vor Börne sehr wenige gab, z. B. von Bendavid,
hatte er sich, da sie ihm unsympathisch waren, ab=
gewandt. Wenn man bei ihm von Mustern sprechen kann,
denen er nachahmte, von Schriftstellern, bei denen er in
die Schule ging, ohne sein eigenes aufzugeben, so waren
es Lessing, Jean Paul, Tacitus. Wenn die Zeitgenossen
und die Späteren eine Verwandtschaft zwischen ihm und
den Engländern zu sehen meinten, wenn die Berliner ihn
geradezu den deutschen Fielding nannten, so schrieben sie

ihm eine Kenntnis zu, die er nicht besaß, und sahen in zufälliger Ähnlichkeit eine bewußte Absicht.

Außer dem Witz, der scharfen Beobachtung, der glänzenden und trotz aller Verwandtschaft mit bekannten Meistern eigenartigen Diktion war es die starke Persönlich= keit, die sich in allen seinen Schriften kundgab. Nicht etwa, daß er eigene Erlebnisse ungebührlich vordrängte, noch weniger, daß sein Haß gegen Einrichtungen und Systeme bestimmt war durch Zurücksetzungen, die er persön= lich erlitten hatte; vielmehr spottete er häufig genug mit heiterer Selbstironie über sich und trat mit wuchtiger Energie gegen seine Glaubensgenossen, die Juden, auf, wenn er auch lebhaft für die Gewährung von Freiheiten kämpfte, die ihnen gebührten und doch vorenthalten wurden. Darin vielmehr gab sich seine Persönlichkeit kund, daß er alles mit eigenen Augen zu sehen suchte, sich an keine Autorität band, und daß er, der strenge Kritiker und große Satiriker, aus der Fülle seines Gemütes mit den Glück= lichen jubelte und aus den unerschöpflichen Quellen seines Mitleids Trost für die Unglücklichen hervorholte.

Ganz besondere Anerkennung fand Börne aber durch seine Aufsätze über Kunst und Literatur. Ein Dichter war er nicht. Die wenigen Verse, die von ihm erhalten sind — auch ein größeres, den nachfolgenden Briefen angereihtes Gedicht — überraschen geradezu durch die ungewandte, schülerhafte Behandlung des Metrums. Auch seine novel= listischen Versuche entbehren der reinen Kunstform infolge der Hineinziehung der Politik, oder sie erheben sich, wie „Der Janustempel", kaum über eine niedliche Humoreske oder sind, wie „Der Roman", mehr Problemskizzen und Thesenstücke als wirkliche Erzählungen. Bedeutsam bleiben sie, wenn sie damit auch nicht auf die Höhe der reinen Dichtung erhoben werden, dadurch, daß sie nicht von bloßer

Laune diktiert oder durch Phantasie erzeugt, sondern ent=
standen sind durch wirkliche Erlebnisse, daß sie ihren Aus=
gangspunkt nehmen von Erfahrungen anderer und innige
Herzenstöne des Autors vernehmen lassen.

Diesen Kunst= und Literaturaufsätzen sind die Theater=
kritiken zuzurechnen, durch die Börne sich in seiner Vater=
stadt und weit über deren Mauern hinaus viele Freunde
gewann. Doch machte er sich Dichter und Schauspieler zu
Feinden, so daß er, auch im Wesen seiner Dramaturgie
Lessing nicht unähnlich, nach dem Beispiel seines großen
Vorgängers die Theaterkritiken bald aufgab, weil die Un=
annehmlichkeiten, die er von dem Schauspielervölkchen er=
fuhr, ihm das Handwerk verleideten. Über diese Kritiken
hat ein „Mann vom Bau", der feinsinnige Alfred Klaar,
sich in folgenden Sätzen ausgesprochen: „Mit großem
Scharfsinn zergliederte Börne die Komposition, mit feinstem
Gefühle unterschied er die Naturlaute von der ange=
nommenen theatralischen Sprache, mit tief eindringendem
Urteile schärfte er den Blick für das Wesen des poetischen
Stils, für sprachlogische Fehler, für verwirrende Gleich=
nisse, für hohlen Schwulst und abgeschmackte Seichtheit.
In seinen vernichtenden Kritiken über Houwald besiegelte
er das Schicksal der veräußerlichten und verkleinlichten
Schicksalstragödie. In seinen kurzen Satiren über die
Philisterlustspiele seiner Tage brachte er die Enge des
Lebens und die Schwächen der Kunst zugleich zum Be=
wußtsein. Er hatte ein offenes Auge für Kraft und
originale Feinheit und gehörte zu den ersten, die dem jungen
Grillparzer und dem auferstehenden Heinrich von Kleist
den Lorbeer reichten. Seine Analysen bedeutender Kon=
flikte und Charaktere, wie der Gestalten in Grillparzers
‚Sappho', dringen in alle Tiefen der Motivierung ein. In
der Art, wie er, die Handlung nachprüfend, die innere Be=

rechtigung jeder Wendung an den dargestellten Individuali=
täten zu erkennen sucht, nimmt er die Richtung des
Charakterdramas, das in unseren Tagen auf der lebendigen
Bühne den Sieg davontragen sollte, vorweg."

Nur weniges soll dieser fast erschöpfenden Würdigung
hinzugefügt werden: es ist der Hinweis darauf, daß Börne
vor den Bedeutendsten sich gern beugt und einmal über
Shakespeare einen Hymnus anstimmte, dessen sich kein
Shakespearomane zu schämen brauchte, daß er, der Jfflands
Dramen als „Zeugnisse der flachsten Flachheit, des fadesten
Geschmacks" erklärte, über Kotzebue die schon damals von
wenigen geteilten Worte brauchte: „Welch ein tiefer
Brunnen voll klarer, frischer, erquickender Laune, welch
ein wohltätiges Geschenk des Himmels." Er scheint in
die brennendsten Tagesfragen einzugreifen und ganze
Richtungen zu verdammen, die Jahrzehnte nach ihm ent=
standen oder besondere Geltung erlangten, wenn er an
einer Stelle sagt: „Ein Drama aber muß ein ganzes, ab=
geschlossenes, lebendiges Wesen sein, das vor unseren
Augen geboren wird und stirbt; das sein eigenes Herz hat,
seine eigenen Glieder, das sich bewegt nach eigenem Ge=
setze, seinen eigenen Dunstkreis hat und die Welt nur be=
rührt, sie als Nahrung zu erfassen." Oder wenn er an
anderer Stelle fordert: „Der dramatische Dichter muß seine
Rechnung mit unserer Einbildungskraft abschließen, ehe der
Vorhang sinkt; er darf uns nicht als Schuldner ent=
lassen."

Nicht minder unmodern mag er manchem einseitigen
Neuerer erscheinen, wenn er sagt: „eine Krankheit (Wahn=
sinn) dürfe nicht Quelle des tragischen Geschicks sein", oder
wenn er fast nach Schillerschem Rezept verlangt: „auf
der Bühne soll der Mensch höher stehen als im Leben",
oder wenn er es abweist, daß die häßliche Natur ganz

treu auf die Bühne gebracht werden dürfe und zur Be=
kräftigung dieser Lehre den Satz anführt: „Das ist gegen
alle Erfahrung, wenigstens gegen alle schöne Erfahrung,
und diese allein darf der Künstler nachbilden."

Während bei den bisher behandelten, mit großem Beifall
aufgenommenen Schriften ein ganz bestimmter Anteil des
allgemeinen Berliner urteilsfähigen Publikums nicht bezeugt
ist, werden wir von Börne selbst von dem großen, wenn auch
verschiedenartigen Interesse unterrichtet, das drei seiner
Aufsätze in der preußischen Hauptstadt hervorriefen. Sie
lassen sich freilich durch kurze Analysen, die allein an dieser
Stelle folgen können, denen, die sie nicht kennen, nicht
vorführen, sie müßten vielmehr ganz abgedruckt oder in
reichlichen Proben dargeboten werden; dazu aber reicht der
zur Verfügung stehende Raum nicht aus.

Die erste Schrift ist die Denkrede auf Jean Paul.
Sie war in der Mittwochsgesellschaft zum öffentlichen
Vortrag gebracht worden und bildete den Anlaß, daß Jean
Pauls Witwe den Verfasser zu sich entbot. Gewiß ist die
Rede ein Dokument edler Herzenswärme und ein wichtiges
kulturhistorisches Zeugnis für die Bewunderung, die Jean
Paul zu jener Zeit zuteil wurde; vielleicht der merk=
würdigste Satz darin ist eine Prophezeiung, die sich frei=
lich bisher nur teilweise erfüllt hat: er sei nicht allen ge=
storben, sondern nur wenigen, aber es werde eine Zeit
kommen, da er allen geboren und von allen beweint werden
werde. Aber trotz mancher sehr schönen Stellen ist die
Rede weder eine erschöpfende Charakteristik des Wesens
des eigenartigen Schriftstellers, noch ist sie überhaupt eine
Rede, sondern ein mühsam erarbeiteter Aufsatz, der zu=
fällig vorgetragen wurde, ein Aufsatz, dem manch falsches
oratorisches Flickwerk angehängt ist, z. B. das unmögliche
Bild: „die Stufen des Altars steigen auf und nieder".

Galt diese Rede manchen Berliner Kreisen als Muster=
stück oratorischer Kunst, so erschien der Aufsatz: „Henriette
Sontag in Frankfurt" (vgl. viele Stellen in den nach=
folgenden Briefen) den meisten geradezu als das Werk,
das mit Börnes Namen unzertrennlich verbunden war.
(Vgl. auch Einleitung oben S. XXVIII ff.) Der Aufsatz ist
eine Verspottung des Sontagsrummels und eine Satire gegen
die Frankfurter, die Modegötzen verehrten, eine lustige
Blumenlese aus den der Sängerin gewidmeten Prosahymnen
und Huldigungsgedichten. Und doch erkennt man aus dieser
scheinbar ohne Kunst und doch mit Meisterschaft hin=
geschriebenen Sätzen, daß hinter dem Schalk der wahrhaft
Begeisterte hervorguckt, und daß der Satiriker spottet, um
seinen eigenen Begeisterungstaumel zu verbergen.

Jeder Literatur= und Kunstfreund konnte an den zwei
eben behandelten Schriften Börnes Genuß finden; nur für
den Liebhaber ernsterer Betrachtungen war die Streit=
schrift: „Einige Worte über die angekündigten Jahrbücher
für wissenschaftliche Kritik, herausgegeben von der Sozietät
für wissenschaftliche Kritik in Berlin" geschrieben. Sie
war es, die ihm die Ungunst Rahels zuzog, die ihm ehe=
dem sehr bewundert hatte, und die ihm den Zutritt zu den
Kreisen Hegels verschloß, wenn auch einer von dessen Ge=
treuesten, Eduard Gans, sich nicht von dem Berliner Gast
abwandte. Börne tadelte in diesem Aufsatz das äußerlich
Unschöne, Anmutslose deutscher Gelehrten und deutscher
Gelehrsamkeit, die Unfähigkeit ernster Schriftsteller, das
große gebildete Publikum verständlich und verständnisvoll
zu unterrichten; er mißbilligt, daß die Kritiker sich in eine
Gesellschaft zusammengetan hätten, weil er der Meinung
ist, daß von gelehrten Gesellschaften nie etwas Gescheites
ausgegangen sei. Er spottet, daß die neue Sozietät ihre
Statuten nicht mitteile und dadurch die auswärtigen Mit=

glieder zu dienenden Brüdern mache. Er spricht der neuen
Gesellschaft das Recht ab, darüber zu urteilen, welche
Schriften wirklich eine Stelle in der Geschichte der Wissen=
schaften einnehmen. Er findet es empörend, daß nur solche
Kritiken aufgenommen werden sollen, welche die Ge=
nehmigung der betreffenden Klasse erhalten haben, und
betrachtet es als einen Zwang ohnegleichen, obgleich er einen
solchen Zwang stets freiwillig geübt habe, daß jeder
Kritiker seine Anzeige mit seinem Namen zeichnen müsse.
Endlich macht er sich lustig über die Ausdrücke, daß der
Ton der Kritiken „gehalten" und der „Würde der Wissen=
schaft entsprechend" sein solle. Die kleine Schrift ist ein
witziges Pamphlet eines freien Schriftstellers, die an und
für sich vernünftige Bedenken stark, wenn auch geistreich,
übertreibt. Glücklicherweise hinderte sie nicht das Erscheinen
des neuen Organs, das, wenn es auch keine neue Ära der
Kritik schuf, doch belehrend und aufmunternd wirkte.

Börne unternahm seine Reise nach Berlin weder aus
dem politisch = geschichtlichen Bedürfnis, die Hauptstadt
Preußens zu sehen, noch aus dem sentimentalen Gefühl
heraus, nach Ablauf eines Vierteljahrhunderts die Stätte
wieder zu betreten, wo er einst zitternd vor Leidenschaft
gestanden hatte. Vielmehr war der Zweck seiner Reise
teils der Wandertrieb, der ihn häufig im Frühjahr ergriff,
teils der praktische Beweggrund, einen Verleger zu suchen.
Er hatte zwar mit Cotta ganz angenehme Verbindungen,
fand aber bei ihm keine Begeisterung, eine Sammlung
seiner Schriften zu veranstalten. Im wesentlichen hatte er
Campe in Hamburg im Auge, der schon Heines Verleger
war und um den die jüngeren Dichter sich zu sammeln
begannen. An einen bestimmten Berliner Verleger Hitzig
dachte Börne nicht mit großem Ernst, teils, weil dieser

kein großer, opferfreudiger Buchhändler war, teils, weil
deſſen Idee, Sammlung von Subſkribenten, ihm nicht ge=
fiel, teils, weil die preußiſche Zenſur gewiß recht unlieb=
ſame Striche in dem Manuſkript vorgenommen haben
würde; darum nimmt der Bericht über die Verhandlungen
mit dem Genannten keinen ſehr breiten Raum ein. Aus
dem Beſuch Hamburgs wurde aber damals nichts. Nicht
nur, weil das Wetter zu ſchlecht war für den Beſuch der
nordiſchen Hauptſtadt, ſondern vornehmlich, weil Börne zu
große Sehnſucht nach der Freundin empfand, für die unſere
Briefe beſtimmt ſind.

Dieſe Berichte nun ſind keine Kunſt= und noch weniger
eine Lokalkritik. Der Reiſende betrachtet freilich einige
Sehenswürdigkeiten: Muſeen, das Rauchſche Denkmal der
Königin Luiſe — ſeine ſelbſtändigen und ſehr feinen Be=
merkungen darüber benötigen keines großen Kommentars —,
er geht manchmal, aber viel ſeltener als man es bei einem,
der lange Zeit als Theaterreferent tätig war, erwarten
ſollte, ins Schauſpiel= und Opernhaus, aber es iſt ganz
beſonders auffällig, daß er, der in Paris das Theater ſo
gern beſuchte und häufig darüber ſchrieb, das in Berlin
durch viele Wochen hindurch ſtattfindende franzöſiſche
Schauſpiel niemals erwähnte. Auch an manchen Kon=
zerten nahm er teil, obgleich er ſich gelegentlich un=
muſikaliſch nannte. Über alles dies, ſoweit es von ihm
angedeutet wird, enthalten die Anmerkungen nähere An=
gaben; das von ihm etwa nicht Erwähnte ſoll keineswegs
einzeln aufgezählt werden; einige Notizen ſind gleichfalls
in den Anmerkungen bei Gelegenheit Boscos gemacht, von
dem ſich Börne in einem Wirtshaus lächerlich genug
düpieren ließ.

Was Börne in Berlin ſuchte, waren: neue Eindrücke,
gemütliches Hinſchlendern, Studium von Menſchen. Aber

auch hierbei ließ er den Zufall walten, drängte sich nicht
zu den Vornehmen; gar manche interessante Menschen, die
er hätte treffen können, wenn er sich Mühe gegeben, blieben
ihm durch eigene Schuld unbekannt. Die wichtigeren unter
den Männern und Frauen, mit denen er in nähere Be=
ziehung trat, sind schon oben genannt und charakterisiert;
hier kommt es nur darauf an, ein Wort darüber zu sagen,
w i e er über die Menschen sprach. Dabei muß man zu=
nächst immer bedenken, daß diese Briefe nicht ursprünglich
für den Druck bestimmt waren. Man könnte sie höchstens
Vorstudien zu einem künftigen Buche oder zu einer Reihe
von Aufsätzen nennen; denn ein Schriftsteller von der Ar
unseres Briefschreibers, der weder Dichter noch Gelehrter,
sondern Literat war, der den Anlaß zu allem, was er
schrieb, aus dem entnahm, was er gerade sah, erfuhr oder
las, ging fast unwillkürlich an alles Neue mit dem Be=
gehren heran, etwas zu finden, das sich zur Veröffentlichung
eignete. Daß Börne diese Briefe als Material für eine
künftige Bearbeitung betrachtete, geht überdies daraus
hervor, daß er der Adressatin auftrug, ihm bei ihrem Zu=
sammentreffen die Berliner Briefe mitzubringen, weil er
willens sei, über Berlin zu schreiben. Trotzdem sollen die
schnell hingeworfenen, oft noch spät abends verfaßten Be=
richte in erster Linie für die geliebte Frau bestimmt sein
und nehmen daher auf ihr Interesse hauptsächlich Rück=
sicht: daher stammt wohl die Bevorzugung des Be=
richtens über Personen und auch die das Detail hervor=
kehrende, ein bischen klatschsüchtige Art, in der von Männern,
hauptsächlich von Frauen gesprochen wurde.

Trotz der eben hervorgehobenen Tendenz der Briefe
und trotz ihres mitunter kleinlichen Charakters halte ich
sie für so witzig und eigenartig, für einen so wichtigen
Beitrag zur Erkenntnis von Börnes Charakter, ferner für

eine gleichermaßen unterhaltende und belehrende Skizze über Berliner Kulturzustände, daß ich ihre Veröffentlichung für angezeigt halte. Die bisweilen hervortretende Eitelkeit des Schriftstellers, die Freude an dem Ruhm, der ihm zuteil wird, die starke Hervorhebung der ihm erteilten Lobsprüche können mir sein Bild nicht verdunkeln. Nicht die gelegentlich vorkommenden Pikanterien, nicht die kleinen Bosheiten über hervorragende Persönlichkeiten lockten mich zur Veröffentlichung, sondern die geistreiche Betrachtung einer großen Stadt und ihrer Kulturbewegung, die witzige Selbstironie, die feinen Bemerkungen über bildende Kunst, Musik, Literatur, nicht zum wenigsten aber die zahlreichen Stellen, in denen Börnes Herzensstimme ertönt. Führte jene schon mehrfach erwähnte Veröffentlichung „Börnes Briefwechsel mit Henriette Herz" in eine Jugendtorheit ein, die dem Siebzehnjährigen völlig die Ruhe raubte, ihm als ernsteste Empfindung erschien, weil sie, wie er meinte, von dem ganzen Menschen Besitz ergriffen hatte, so bekunden diese Bekenntnisse des Zweiundvierzigjährigen, wie eine herzliche und große Neigung das Gemüt des Mannes erfüllten. In ernstester Weise plant er die Schließung des Lebensbündnisses mit der geliebten Freundin: sie ist ihm, mag er auch ihre Schwächen bespötteln, ihre übertriebene Ängstlichkeit, ihr manchmal kleinliches Räsonnieren, ihre eifersüchtigen Wallungen, ihren literarischen Geschmack, mag er den Spott auch manchmal in einer uns unangemessen erscheinenden Weise ausdrücken, — sie ist ihm doch das Weib, wie er es sich wünscht, sein trauter Kamerad, seine starke und doch hingebende Freundin.

Die Veröffentlichung dieser Briefe ist mir aber nicht bloß die Ausführung eines durch zufällig mir zugekommenes Material aufgetauchten Plans, sondern sie entspringt einem inneren Bedürfnis. Mir liegt es am Herzen, Börne wieder „lebig" zu machen. Ich möchte diesen vergessenen und verkannten Schriftsteller wieder zu Ehren bringen und den Gebildeten unter seinen Verächtern, indem ich ihnen die Möglichkeit verschaffe, ihn zu erkennen, wie er war, Gelegenheit geben, ihr Urteil zu reformieren. Wenn diese Briefe gelesen werden, wenn die Anteilnahme an Börne neu erwacht und weitere Kreise erreicht, wenn sie infolge= dessen uns, den Administratoren des Börneschen Nachlasses, die Ausführung unseres Planes erleichtert, die erste wirk= lich wissenschaftliche historisch=kritische Ausgabe von Börnes Schriften ausgehen zu lassen, so ist ihr Zweck erfüllt.

Berlin, den 15. Juli 1905.

Ludwig Geiger.

1)   Berlin Samstag d. 16. Febr. 1828.
                 Juten Morjen meine Liebe jute!

Ich werde Ihnen ganz lakonisch schreiben müssen. Alle
Augenblicke muß ich fürchten unterbrochen zu werden,
denn ich erwarte Besuche. Sie müssen sich mit diesen Zeilen
begnügen so wenige sie auch werden mögen. Das erste
und dringendste Geschäft ist, daß ich mir eine Wohnung
suche. Dann in den ersten Tagen schreibe ich Ihnen um=
ständlicher. Sobald ich hier ankam (gestern Vormittag
10 Uhr) fuhr ich auf die Post und holte Ihre Briefe.
Sie ängstigen sich darin schon über Kälte, was wird
erst in spätern Briefen geklagt werden! Aber wie gut
habe ich die Reise vertragen. Nicht den kleinsten Schnupfen
habe ich davon bekommen. Auch das Umknüpftuch hat
nicht gefehlt. Dazu brauchte ich die rothe Leibbinde,
die mir zu ihrer eigentlichen Bestimmung überflüssig
war. Erst am nächsten Dienstag schreibe ich Ihnen wieder,
aber ausführlich, bis dann werde ich wohl in Ordnung
seyn. Gesehen habe ich gestern die Herz, Robert und
Gans. Die erste Frage der Herz: was macht Madame
Wohl? Und als ich nach einiger Zeit weg ging, fragte sie
mich mit Verwunderung, ob denn Madame Wohl mir keine
Grüße für sie aufgetragen? Die erste Frage der Robert:
wie befindet sich Madame Wohl? Ich glaube, daß es mir
hier gefallen wird. Sei nicht böße, Mütterchen, daß der
Brief so kurz. Ich konnte nicht anders. Ich habe so viel

taufend Dinge zu thun, daß ich nicht weiß wo anzufangen. Ich bin übrigens des besten Humors und war es auf der ganzen Reise. Ich ärmster habe die Nadelstiche von denen Sie schreiben nicht gefunden. Meine sind deutlicher.

B.

---

2)   Berlin b. 18. Febr. 1828.

Me voilà ausgepackt und eingerichtet in meinem Privat= logis. Friederichsstr. No. 161. Ich bin gesünder als je und vergnügter als — ich wollte sagen, so vergnügt als man seyn kann ohne irgend ein Bärbelchen. Die Reise hat mir sehr wohl gethan, sie hat mir Leib und Geist gescheuert, und beide glänzen wie ein Kuchenbecken drei Tage vor Pfingsten. Und hat sie mir nicht schon in drei Deiner Briefe zwei Du's eingebracht? Kann man bessere Ge= schäfte machen? Ich werde manches vergessen haben, von dem was ich erzählen sollte, da ich bis jetzt in gar zu großer Verwirrung war, zerstreut durch Wohnung Suchen, durch neue Verhältnisse u. dergl. Künftig aber werde ich jeden Abend alles gleich aufschreiben, um meinem Bärbelchen vollständige und getreue Berichte zu geben. Ich will jetzt zu den verlebten Tagen zurückkehren. Als ich Freitag Vormittag hier ankam, konnte ich in dem beabsichtigten Wirthshause nicht einkehren, weil alles besezt war, und ich stieg im Hôtel de Rome, wo ich mich bequemen mußte, ein Zimmer im dritten Stocke zu nehmen. Ich zog (m)ich gleich darauf an, und suchte die Herz auf, in der Wohnung wie sie der Adreßkalender angab. Ich stieg die zwei Treppen eines kleinen Hauses hinauf, und das sah alle so ärmlich aus, und das Dienstmädchen das mir entgegenkam, war eine so elende Sudelmagd, daß mir das Herz wie zusammen= geschnürt war, als ich bedachte, in welchem Glanz ich einst

die Herz gesehen und in welcher bedrängten Lage ich sie
wieder finde. Sie war nicht zu Hause. Nach einigen
Stunden kam ich wieder, und da fand sich zu meiner
großen Freude, daß ich irre gegangen und nicht bei der
Hofräthin, sondern bei der Doktorin Herz, deren Schwester,
gekommen. Ich sprach sie aber dennoch aus Artigkeit.
Sie wohnt in einer Art Dachstube, und ist die Wittwe
eines Arztes, der in der Provinz vor zwei Jahren gestorben.
Da habe ich denn an diesen zwei Schwestern ein Beispiel
gesehen, wie viel auf Verstand und festen Willen ankömmt.
Beide sind Wittwen, beide alt, beide kinderlos und arm,
aber während die Hofräthin sich aufrecht erhält, wie eine
junge Frau in Thätigkeit und in Zerstreuungen lebt, und
immer noch, wie in den Tagen ihrer Schönheit und ihres
Glanzes geachtet und gesucht wird, läßt die andere den
Kopf hängen und ist betrübt und verlassen. Auch habe ich
bald gemerkt, daß beide Schwestern nicht harmoniren. Sie
wohnten früher beisammen, trennten sich aber, wegen der
Unverträglichkeit ihrer Ansichten und Lebensweisen. Darauf
besuchte ich die ächte Herz, die in einer ganz andern Gegend
recht hübsch wohnt. Sie hat kleine Zimmer, die sie aber
durch hundert artige Flitter zu verschönen mußte. Ich
wurde mit Freude und Herzlichkeit aufgenommen. Die Herz
ist jezt 64 Jahre alt, aber die Spuren ihrer Schönheit er=
kennt man noch. Im Gehen hält sie sich aufrecht, aber
wenn sie sitzt, ist sie ganz eine alte Frau. Ich habe sie in
ihrem Sommer gesehen — eine Juno! und das war da=
mals das Wort in Jedes Mund. Und jezt! Ich habe in
alten, verfallenen, unbewohnten Pallästen schwehre, roth
sammtne, mit Gold verbrämte Vorhänge gesehen, zersezt
und abgebleicht, — dieser Anblick schon rührte mich
immer — und so ist die Herz! Sie hat das Glück sich
über ihren Verfall noch zu täuschen. Ich fand sie sehr

zurückgekommen in den 9 Jahren, daß ich sie nicht gesehen;
sie aber sagte mir: Sie werden mich besser aussehend finden,
als damals da ich aus Italien kam. Ja wohl, antwortete
ich, das Italiänische Klima war wohl Schuld, daß Sie
damals so schlecht aussahen? Sie erwiederte: nein, das
nicht; aber meine Reisegefährtin hatte mir so viel Verdruß
gemacht, daß meine Gesundheit darunter litt. Die Herz
lebt in beständiger Thätigkeit und benutzt die Viertel=
Stunden als wären es Tage. Darin erscheint sie mir sehr
weise und darum achtungswerth. Sie vollbringt ihre
Arbeiten als wären es Vergnügungen, und behandelt ihre
Vergnügungen als Geschäfte. Jeden Vormittag von
9 bis 12 Uhr unterrichtet sie die Kinder armer einst ver=
mögender Eltern, in allen lebenden Sprachen, und zwar
unentgelblich. Sie thut dies schon seit 1813. Damals nehm=
lich, im Befreiungskriege, als sich die Frauen zur Krankenpflege
in den Spitälern vereinigt, habe sie an dieser Wohlthätigkeit
nicht theil nehmen können, weil sie ihren Abscheu gegen Kranke
nicht zu überwinden vermochte; um aber nicht müßig zu
bleiben, habe sie die Kinder derer, welche der Krieg in
Armuth gestürzt, zu unterrichten begonnen, und so fahre
sie noch immer fort. Ich besuche die H. alle Tage, weil
sie es wünscht und ich es gern thue. Beim zweiten Male
fand ich den Fürst[1]) bei ihr, an welchen mir Dr. Goldschm.[2])
eine Empfehlung mitgegeben. Sie lobt diesen Mann, der
mit ihr verwandt ist sehr. Da kam auf meine Schrift=
stellerei die Rede. Als ich bemerkte, ich hätte viel Glück,
sagte die Herz, ich hätte nicht weniger Verdienste. Zwar
erfreue sie sich weniger an meinem Humor — (dieser ist
den Frauen selten zugänglich, bemerkte ich —) aber jede
sentimentale Zeile von mir mache ihr die größte Freude.
Meine Rede über J. Paul[3]) habe sie entzückt. Mein Auf=
satz über die Sontag[4]) hat hier Furore gemacht. Wer

mich spricht, erzählt mir davon, und wer ihn noch nicht
gelesen, giebt sich Mühe ihn herbeizuschaffen. — Freitag
Nachmittag ging ich zu Robert. Es ist wahr, seine Frau
ist wunderschön! Ich habe das damals in Carlsruhe gar
nicht so bemerkt. Schon 32 Jahre alt, hätte ich sie für
eine 24jährige gehalten. Sie ist sehr gut, auch verständig,
auch kokett, aber recht lieb dabei. Sie spielt mit ihrer
Schönheit wie ein Kind mit seiner Puppe, und erzählt sehr
ausführlich wie sie allen gefalle, und schon Duelle wegen
ihr vorgefallen. Sie kramte mir ein ganzes Paket Gedichte
aus, unter andern, von Oelsner in Paris⁵), von Fouqué⁶)
und — — verzweifele Ungetreue! — von Deinem
Hans, drei Sonette! O wie freute ich mich! Die
müsse ich haben sagte ich — und auf der Stelle schrieb sie
mir sie selbst ab. Sie sind nicht gedruckt. Ich schicke sie
Ihnen durch Lindenau⁷) (erinnern Sie mich nur daran) o
süße Rache! Der Robert lebt hier jezt vergnügt wie ein
Hecht im Rhein. Er schreibt viele Stücke fürs Theater,
die sehr gefallen. Ich traf einmal den Musikdirektor⁸) bei
ihm, mit dem er im Zimmer auf und abgehend die
Einrichtung eines nächst aufzuführenden neuen Melo=
dramas besprach — und mit welcher Wichtigkeit, und wie
sich die Hände reibend, und mit welchem strahlenden Ge=
sichte, und wie er in sich hineinlächelte, und den süßen
guten Beifall vorauskostete — — und da erinnerte mich
wie oft ich den Spiro⁹) mit meinem Vater oder sonst
einem, in gleicher freudiger Bewegung im Zimmer auf und
abgehen sah, eben so lächelnd, sich eben so die Hände reibend;
aber es betraf Renten — es giebt doch allerlei Narren! —

Samstag Mittag speißte ich bei Robert. Abends brachte
ich der Staatsräthin Uhden¹⁰) den Brief ihrer Schwester. Die
Herz hatte mir vorausgesagt, sie werde auch da seyn. Als
ich hinein kam, zeigte mir die Uhden eine schöne Dame,

die mich lächelnd begrüßte: „Die kennen Sie gewiß?" Ich
lächelte mein N e i n auf gewohnte Weise. Es war Mariane
Saaling. Sie sehen (es soll ein kleines S seyn) und sie
lieben, das folgte so nahe auf einander, daß ich nicht die
Zeit hatte, dazwischen zu athmen. Und — warum schließe
ich diesen Brief nicht, und lasse ihn nicht den lezten seyn?
O die Macht der Gewohnheit! ich liebe mein Bärbelchen
nebenbei auch. Wie einnehmend ist diese Mariane! Wie
schön erschien sie mir! Ich erinnere mich gar nicht mehr,
daß es eine Zeit gab, wo ich sie nicht gekannt. Die
Uhden ist eine Frau mit grauem Kopfe, aber ganz
kräftig und munter. Sie hat eine wunderschöne Tochter,
eine Hohengestalt, die Braut geworden kürzlich mit H o t h o[11]
einem Dichter und Busenfreunde des Prof. Gans, der noch
jedesmal mit ihm in Frankfurt war. O was stürmt die
Uhden gegen Frankfurt, und wie lustig macht sie sich über
das Volk dort. Von der Uhden gingen wir alle zur Ma=
dame Levi,[12] die im nehmlichen Hause wohnt und deren
Gesellschaftstag gerade war. Sagen Sie dem Dr. Reis,[13]
sie habe sich sehr angelegentlich nach ihm erkundigt, und zwar
noch ehe ich sie von ihm gegrüßt. Sie freue sich, daß es
ihm wohl gehe.

S o n n t a g Vormittag brachte ich der Mariane Saaling
ihre Briefe. Und da sah ich sie im Sonnenlichte, und Du
kannst freier athmen, Bärbelchen. Wie verblüht ist sie!
Wie günstig ist die Nacht den Weibern. Den Abend vor=
her kam sie mir wunderschön vor! Da kamen auch ein
Paar junge, garstige Professoren zum Besuche. Die
Mariane plaudert sehr angenehm und man fühlt sich sehr
behaglich bei ihr. Von ihr ging ich zu Julie Saaling,
(Frau Dr. Heyse), die mich auch sehr herzlich empfing.
Welch ein Glück hat die gemacht! Ihrem jungen Manne
liegt die Bravheit unverkennbar auf dem Gesichte. Was

haben wir über Frankfurt geläſtert! Beide Schweſtern
hatten ſchon mehreremal ausgerufen: wie es denn komme,
daß wir 10 Jahre in Frankfurt zuſammen gelebt, und uns
nicht kennen gelernt hätten! Ich murmelte: Ja, Sie haben
bei Herz gewohnt. Nun, ſagte Mariane, ich kann es mir
wohl erklären. Den Mittag aß ich bei Varnhagen.[14])
Was iſt mit dem und ſeiner Frau eine merkwürdige und
närriſche Seelenwanderung vorgegangen! Schon als ſie
das lezte Mal in Frankfurt waren habe ich das bemerkt.
Eine Verlegenheit in der Unterredung, eine ängſtliche Zu=
rückhaltung und — möchte ich ſagen — eine gewiſſe Furcht
mir ins Geſicht zu ſehen. Das iſt nun alle noch viel
ſchlimmer geworden. Wir drei waren allein bei Tiſche,
und das waren ſo lächerlich traurige gehackte Geſpräche,
das waren ſo dumme Pauſen, und im ganzen Zimmer
war ein gewiſſer Schwefelgeruch, als hätte das Donner=
wetter hinein geſchlagen. Er und ſie machten höchſt lang=
weilige diplomatiſche Geſichter, nach dem Eſſen hielt die
Varnhagen ihr Mittagſchläfchen, und ich blieb noch eine
Stunde mit ihm allein. Hatte ſich früher die Dummheit
im Schweigen gezeigt, ſo zeigte ſie ſich jezt im Reden.
Ich fragte ihn ob er viel in Geſellſchaften komme, und da
ſprach er mir vom Hof, von dieſem und jenem Prinzen,
den er beſuche und ſprach von nichts als von Prinzen, als
gäbe es ſonſt keine Menſchen in Berlin. Endlich kam das
Hauptgeſpräch auf die Berliner Literaturzeitung und meine
Schrift darüber.[15]) Da gerieth er nun in ſolche Heftigkeit
und war ſo unanſtändig, daß es zum Erbarmen war. Ich
hatte meine größte Schadenfreude. Er, der Diplomat, kochte
und war bitter, wie Thee ohne Zucker, und ich, der Dem=
agog, war kalt und ſüß wie gefrornes. Meine Schrift
hat ihn ganz müthend gemacht. Als ich ihm bemerkte:
alle Welt wäre meiner Meinung, ſagte er, ja, ich hätte die

falschen Ansichten über die Zeitung verbreitet. Das
komischte war, daß er mir vorwarf, ich sei ächt deutsch. Er
suchte eine ganze Stunde lang mich zu bekehren, es war
aber grade, als wollte er den Fahrthurm wegschieben, und
da gerieth er in die heftigste Bewegung und sagte ganz
roth: jezt sehe ich doch ein, daß ich zum Advokaten nichts
tauge. Früher bei Tische sagte er mir mit der größten
Ernsthaftigkeit: ich müsse doch sehr über die Großmuth der
Berliner Societät verwundert gewesen seyn, daß sie mir
auf meine Schrift nicht nach Gebühr geantwortet. Ich
lächelte. Auch sagte er mir (doch dies freilich im Scherze)
er habe gehört ich sei nach Berlin gekommen, bei der
kritischen Societät amende honorable zu thun. Kurz,
Bärbelchen, Dein kleiner David hat mit der kleinen Schrift,
die er gegen Berlin geschleudert, vielen gelehrten Goliaths
Löcher in den Kopf geworfen. Gelobt sei Gott der Herr.

Sonntag Abend führte mich Mariane Saaling bei
Mendelssohn = Bartholdy ein. So heißt der Vater des
Felix, zur Unterscheidung von seinem Bruder Joseph, an
den mir Speier einen Brief mitgegeben. Ich wurde sehr
freundlich aufgenommen. Mein Sonntags=Aufsatz wurde
auch da besprochen und allerlei daraus citirt. Es war
eine ziemlich zahlreiche Gesellschaft, und es war mir da
sehr behaglich. Mendelssohn, seine Frau und der Felix
gefallen mir alle. Es wurde Klavier gespielt, gesungen,
aber so wie ich es liebe nicht zu lange. Ob ich zwar von
Klavierspielen nichts verstehe, so muß ich doch gestehen, daß
ich das Spiel des jungen Mendelssohn ganz vortrefflich
finde. Er spielt mit sehr gutem Geschmack. Mit der
Mariane Saaling unterhielt mich viel und auch mit der
Julie. Ich fragte erstere: was sie diesen Morgen genäht
als ich bei ihr war; ich müsse das alle genau nach Hause
berichten. „Ich kann mir denken an wen". Da ward der

arme Carl roth und er sagte: ja, an Madame Wohl. „Ich
kenne sie, ich habe sie einige Mal gesehen. Warum kam sie
nicht mit nach Berlin?" Das Wetter war zu schlecht.
„Nun, dann kömmt sie wohl später. Es ist gut, daß Sie
voraus hergekommen; man muß sich so einen Ort an=
probiren. Müssen Sie auch schreiben, was ich angehabt
habe?" Nein. „Nun, ich will es Ihnen sagen, ich habe
Kinderzeug für meine Schwester genäht." — Die Julie
fragte ich, was denn mit Varnhagen so eine wunderliche Ver=
änderung vorgegangen? Sie erzählte mir: er, oder viel=
mehr sie sei vornehm geworden, und sie beherrsche ihn
ganz. Sie sei eine Superkluge Frau, und aus Super=
klugheit mache sie die größten Fehler. Sie machten jezt
ganz die Aristokraten und seien unausstehlich. — Bei
Mendelssohn sieht es sehr fein aus, ob wir zwar nur in
den Alltagszimmern gewesen. Auch die Bewirthung hat
einen Anstrich von Feinheit und altherkömmlichem Reich=
thum. Man zeigte mir sehr viel Theilnahme. Die Mendels=
sohn sagte mir: betrachten Sie unser Haus als das Ihrige
und er: kommen Sie wann und so oft Sie wollen. Ich
bin auf Mittwoch dort zu Tische geladen. — Mein Freund
Gans läuft mit mir in den Kafeehäusern, bei den
Restaurateurs herum. Er ist ein Bonvivant und bedauert
nur, daß mit mir nicht viel zu machen sei. Alle hundert
Schritte begegnet er einen Bekannten auf der Straße, dem
er mich vorstellt, und diese Leute kennen mich alle, und der
Aufsatz von der Sonntag kömmt dann jedesmal zur Sprache.
— Ich habe ein recht artig möblirtes Zimmer mit Kabinett,
wofür ich monatlich 14 Thaler bezahle. Auch habe ich
einen Bedienten, der mir von Robert empfohlen worden.
Ein sehr intelligenter Mensch! Ich begreife gar nicht,
warum ein Schlingel wie ich es so gut hat in der Welt.
Mit der größten Schadenfreude denke ich oft daran, daß

die größten Frankfurter Kaufleute, so ein Rothschild, Bei=
fuß?, wenn sie hier, ihre Sorgen und Geschäfte haben,
und daß ich an nichts als an mein Vergnügen zu denken
habe. — Meine Empfehlungsschreiben, die an die Uhden und
Saalings ausgenommen, habe ich noch gar nicht abgegeben.
Ich werde erst heute damit den Anfang machen. Bärbelchen
mir gefällt es hier sehr gut, und wenn der erste Eindruck
dauernd bleibt, wollen wir in Berlin unsere Hütten bauen.
— Sagen Sie dem Reinganum[16]) in meinem Namen, daß
wenn er mit seinen Brüdern in Prozeß käme, er sich durch=
aus nicht auf sich allein verlassen könne, sondern einen
andern Advokat zu Rathe ziehen müsse. Die Leidenschaft in
solchen Fällen kann einen sehr irre führen. Es ist als
wenn ein Arzt sich selbst in einer Krankheit behandeln
wolle; das hat noch nie gute Folgen gehabt. Auch nach
Dr. Stiebel haben sich mehrere angelegentlich erkundigt.
Grüßen Sie alle Bekannte von mir, und erinnern Sie die
Fanny Ochs: sie habe in mein Taschenbuch geschrieben: „Wo
rauchen Sie heute über 14 Tage um 4 Uhr? Freitag
den 1 Febr." Zur Antwort: ich habe an diesem Tage
und zu dieser Stunde gar nicht geraucht, sondern schön
hell gebrannt, und zwar angezündet von den unvergleich=
lichen Augen der Frau Robert. — Ich bitte Sie ja keinem
etwas zu erzählen, von dem was ich in Unmuth und Lange=
weile über Lindenau geklagt. Es reut mich, es gethan zu
haben, denn ich fürchte, er möchte etwas davon erfahren. —
Heute Abend bin ich zur Herz gebeten, und morgen Abend
zur Julie Saaling. Die haben die größte Lust, noch
weiteres von mir über Frankfurt zu hören. Bei meinem
ersten Besuche waren wir unterbrochen worden. — Also
meine Wohnung und Adresse: Gr. Friederichsstraße 161,
im ersten Stock. (Das Gr. bedeutet Große, braucht
aber nicht ausgeschrieben zu werden.) — Es thut mir sehr

leib, daß Sie meine Briefe Abends bekommen. Das hält Sie vom Ausgehen, vom Theater zurück. Können Sie sich gar nicht gedulden bis Sie um 9 Uhr nach Hause kommen? Welche Liebe! Gestern Abend war ich zum erstenmale im Theater, Alceste von Gluck. O wie herrlich! Ein anderes Mal mehr davon. Suche, bettle, stehle alle Neuig= keiten zusammen. Hören Sie nichts von meinem Theater= Prozeß?[17] Was macht die Tauferei?[18] Was Adele? Ist der Louis zurück? Was macht das Wetter.[19] Nach der schrecklichen Kälte auf der Reise kömmt es mir hier sehr gelinde vor. Adieu, liebes Bärbelchen.

Dienstag d. 19. Febr.

Dr. Börne geb. Wohl.

3)   Berlin d. 20. Febr. 1828.

Abends 11 Uhr. Jezt schläfst Du schon, liebes Bärbelchen, und träumst vielleicht von mir, schläfst Du aber nicht, dann denkst Du gewiß an mich. Ich soll dahin ge= bracht werden, um 11 Uhr Abends Briefe zu schreiben! O über die Wege des Lebens! Aber ich kann nicht anders. Thue ich es bei Tage, so nimmt mir die Zeit zum schreiben den Stoff weg, oder der Stoff die Zeit. Ich will nur gleich in der Historie meines Berliner Lebens treu und trocken fortfahren. Gestern fuhr ich herum und gab meine Adressen ab. Zu denen von Frankfurt mitgebrachten waren von Holtei[20] in Weimar noch einige hinzugekommen. Da es Börsenzeit war, so waren die Kaufleute alle nicht zu Hause. Ich ließ meine Karte zurück. Wer mich nun haben will kann mich aufsuchen. Den gestrigen Abend brachte ich bei der Herz zu, wo mehrere Leute, doch keine sonder= lich interessante waren. Ich hatte den Teufel im Leibe, weil ich nach Tische geschlafen hatte und war sehr unliebens=

würdig. Doch die Herz verstand das und machte es der
Gesellschaft bemerklich. Man bleibt bis 11 oder länger,
wenn man will. Heute Morgen besuchte mich mein Neffe
Spiro. Ein schöner junger Mensch, aber ein wunderlicher
Kautz. Einsilbig, und als schien ihm das noch zu ge=
schwätzig, immer die Hand vor dem Munde haltend. Auch
trocken erschien er mir. Er kennt hier gar keine Familien
und will auch keine kennen lernen. Mein Erbieten ihn hie
und da einzuführen wies er ab. Fruchtlos war mein Aus=
forschen, was seine Neigungen, was sein wissenschaftliches
Streben sei — ich erfuhr nichts. Kurz der junge Mensch
ist sehr viel oder sehr wenig. So viel ward mir klar,
daß er widerlich und mein würdiger Neffe ist. Sollte
er vielleicht eine Liebschaft haben? Es schien mir fast,
als sei er immer auf der Hut gewesen, durch mein Aus=
fragen nicht in Verlegenheit zu kommen. — Heute Mittag
habe ich bei Mendelssohn gegessen. Diese Leute behandeln
mich mit aller möglichen Freundlichkeit. Die Frau fragte
mich, (was ich schon oft habe hören müssen) wie es denn
nur erklärbar sei, daß ich die Saalings in Frankfurt nicht
gekannt, oder vielmehr sie mich nicht. Ich saß bei Tische
zwischen der Frau Mendelssohn und Mariane Saaling.
Ausser andern Gästen waren da: Zelter [21], Robert und seine
Frau. Meinen Aufsatz über die Sonntag hatten die Mendels=
sohns erst gestern gelesen, und sie überhäuften mich mit
Lobsprüchen. Die ganze alte Wage haben sie im Kopfe,
und erzählten mir allerlei Dinge daraus, die mir ganz
fremd geworden. Der alte Mendelssohn hat seine Geschäfte
aufgegeben, und thut sich sehr gütlich. Er hört Collegia
wie ein Student. Nach dem Essen führte mich die Saaling
etwas in den Straßen herum, und endlich in einen Zucker=
bäckerladen, um mir zu zeigen, wo man die besten Pfann=
kuchen (Krapfen) bekömmt. Ich kann diese Mariane nicht

genug preißen. Sie thut so wohl wie die Sonne im Mai.
Ich werde noch viel an ihr zu studiren finden. Die Gabe
der Unterhaltung besizt sie im höchsten Grade und ge=
braucht sie mit einer bewunderungswürdigen Leichtigkeit.
Man glaubt, sie habe kein anderes Sinnen, kein anderes
Vergnügen und Geschäft, als die Angelegenheiten desjenigen,
mit dem sie sich unterhält. Sie weiß alle Kleinigkeiten,
die Einen betreffen, erinnert an jedes Wort, das man ge=
sprochen, an jeden Wunsch, den man gehabt. Aber un=
verkennbar ist ihr gutes Herz die Quelle ihres Gedächtnisses.
Ich sagte ihr: es ist heute erst das dritte Mal, daß ich
Ihnen nahe bin, wie werde ich die zehen verlohrenen Jahre
nachholen können? — Ich will sehen, ob das Ihr Ernst
ist, erwiederte sie, und ob Sie mich oft besuchen. Im
Winter, sagte sie, wäre sie gerne in Berlin; aber im Sommer!
Dabei seufzte sie. Sie habe nicht Geld genug, weite Reisen
zu machen. Jeden Morgen unterrichtet sie arme Studenten
im Französischen und Deutschen. Man habe ihr früher in
Frankfurt die Direktion des Heiligen=Geist=Spitals über=
tragen wollen, eine Stelle, die ihr sehr erwünscht gewesen
wäre. Ich sprach viel von Dr. Neuburg[22]) und seiner
Liebe zu ihr. Sie lachte, und bemerkte, es habe ihr oft
leid gethan, daß er sie in Frankfurt so übermäßig gepri=eßen.
Das sei nicht gut. — Heute Abend habe ich bei Julie
Saaling Thee getrunken. Gans war da, der uns mit
seinen Possen sehr ermuntert, und Mendelssohns Schwester,[23])
eine schon bejahrte Dame, die zwanzig Jahre in Paris
Erzieherin bei Sebastiani gewesen, und die jezt eine sehr
ansehnliche Pension genießt. Beim Weggehen sagte mir
Mariane Saaling: Ich werde nach Frankfurt schreiben, und
Sie so schildern, daß sie sich dort schämen sollen, Sie nicht
genug anerkannt zu haben. Ich bin überzeugt, daß sie das thut,
und ich freue mich darüber. — Heute Vormittag trat auf

einmal Rothschild²⁴) von Frankfurt, (des Rechenmeisters
Sohn) in mein Zimmer, der Lindenau bei mir aufsuchte.
Ich kann nicht sagen, daß mein Herz höher schlug, als er
erschien. — Der Bankier Beer,²⁵) des Dichters Bruder,
dem ich einen Brief brachte, hat mich Nachmittag besucht.
Der macht das beste Haus hier, wo alle Gesandten hin=
kommen. Die Einladungen zu ihm werden nun wohl
folgen. — Gans erzählt mir, er habe vom Breidenbach²⁶)
geschrieben bekommen: Stiebel und Reis²⁷) hätten sich
taufen lassen. Ist das etwa so, und eines Ihrer Ge=
heimnisse? — Den 22. Februar. Gestern Vormittag
um 11 Uhr holte ich meinen Hans [M. Saaling] und wir
gingen in Humbolds²⁸) Vorlesungen. Das wäre ein Ge=
richt für mein leckeres Bärbelchen! Denken Sie sich den
schönsten herrlichsten Saal (der Singakademie gehörig und
erst kürzlich gebaut) angefüllt von 8 bis 900 Zuhörern, wo
mehr als die Hälfte Frauenzimmer, die ersten Stände
Berlins, der König, alle Prinzessinnen, der ganze Hof,
Hunderte von Offizieren — vor ein solches Publikum
möchte ich auch lesen. Nach 12 beginnen die Vorlesungen,
und schon um 11 Uhr ist der Saal gedrängt voll. Es
herrscht große Aufmerksamkeit besonders bei den Frauen=
zimmern, die ganz verstohlen unter ihren Shawls und
Hüten nachschreiben, was sie wegschnappen. Der Gegen=
stand der Vorlesungen ist physische Geographie, und da ist
Humbold freilich in seinem Fache. Ich armer tauber
Mensch, der etwas entfernt von Humbold saß, habe gar
nichts gehört. Meine böse Ohren machen mir hier viel
Kummer. Ich habe in Frankfurt immer geglaubt, das
Uebel wäre mir gleichgültig. Dort war es mir auch, weil
dort wenig gesprochen wird was verdiente gehört zu werden.
Hier ist das aber ein anderer Fall. Doch stelle ich mich
überall gleich als Harthöriger vor und das erleichtert mir

meinen Zustand. Als ich bei Mendelssohn in das Gespräch
brachte, was ein größeres Unglück sei, taub oder blind zu
seyn, bemerkte Zelter: bei der Taubheit habe man schon
gleich den großen Vortheil, daß man nicht brauche in die
Kirche zu gehen. Der alte Zelter scheint ein Original zu
seyn, und erzählt die schönsten Anekdoten, sauber oder nicht,
mag dabei seyn wer will. Eine fand ich sehr charakteristisch.
Er ging einst bei Nacht unter den Linden und hört einen
Jungen das Liedchen singen: blühe liebes Veilchen. Er
Zelter sezte das Lied fort, worauf der Junge erschreck=
lich zu schimpfen anfing und rief: Er Hansdampf, er
Sch . . ßkerl, wenn er ein Lied singen will, fange er's sich
selbst an. Nach Humbold Vorlesungen ging ich und noch
ein junger Doktor mit meinem Hans spazieren. Aber Sie
wissen vielleicht gar nicht, was ein Hans überhaupt, und
was insbesondere mein Hans ist? Das Convers.lexikon
sagt darüber: „Hans nennt man eine Person männlichen
oder weiblichen Geschlechts, welche ein Ehegatte oder ein
Verlobter, neben dem Gatten oder Verlobten, liebt und
verehrt — ein Verhältnis, welches menschliche und gött=
liche Gesetze verdammen, welches aber manchmal verzeihlich
ist, wenn die Gatten oder Verlobten getrennt von einander
leben, und durch solch eine nachgemachte Liebe sich den
Schmerz der Trennung zu versüßen suchen." Was aber
meinen Hans betrifft, so finden Sie unter dem Art.
Börne im Conv. Lex.: „Hans des Börne. So wird
Fräulein Mariane Saaling in Berlin genannt." Aber
wahrlich, ich scherze nur gezwungen von diesem herrlichen
Frauenzimmer. Wenn ich in dieses so liebevolle Gesicht
sehe, daß der Krampf verzerrt (bei Mädchen oft nur der
Gegenstoß eines zurückgestoßenen Herzens) und in diese
fromme, seelenvollen Augen, die aus Schwäche blinzeln;
wenn ich die Abendstrahlen einer untergehenden Schönheit

erhasche, — dann jammert es mich in der tiefsten Seele,
daß ein solches Leben spurlos von der Erbe verschwindet,
und daß sie, weil sie nie einen gefunden den sie lieben
konnte, dazu verdammt ist, nun alle Menschen zu lieben.
Ich möchte nur wissen, ob ihre Heiterkeit, ja ihre immer=
während Fröhlichkeit, natürlich ist, oder ein Kunstwerk der
Selbstbeherrschung. Jedem Andern wie Ihnen, könnte
ich Marianen durch ein einziges Wort schildern, aber meinem
Bärbelchen werde ich noch oft von meinem Hans zu er=
zählen haben. — Ich will doch zum Überfluße noch einmal
meine Adresse angeben: Gr. Friederichstraße No. 161
im ersten Stock. Bemerken Sie mir jedesmal am
Schluße Ihrer Briefe, welche meiner Nummern Sie erhalten
haben. — Nach dem Spaziergange aß ich mit Gans bei
einem Restaurateur. Die Caffees und Restaurationen, sind
hier ohngefähr wie in Paris, und auch eben so theuer.
Suppe, einige Gerichte und ein Schoppen Wein, das kömmt
auf 2 Gulden. Nach dem Essen fuhren wir nach Charlotten=
burg, und Abends ging ich in das Königstädter Theater,
wo die Oper Corrádino von Rossini aufgeführt wurde.
Sie haben dort vortreffliche Subjekte besonders aber einen
unvergleichlichen Bassisten Spitzeder.[29]) Auch unsere
Bamberger[30]) trat auf. Aber diese erschien mir sehr winzig
unter den andern; auch wurde sie gar nicht applaudirt.
— Ausser den Nadelstichen, die oben hinter der Brief=
Nummer stehen, noch einige andere, die bei weitem nicht so süß
sind. Nehmlich: Wissen Sie, Madame Bärbelchen, daß die
Reisebilder Ihres Hans[31]) hier nicht sonderlich gefallen?
Man findet sie ungezogen, oft schmutzig. Die Varnhagen
ist sehr aufgebracht, daß er sie ihr bedizirt, ohne ihre Er=
laubnis. Da findet man die Werke eines gewissen andern
Schriftstellers ganz anders. Man lobt deren sittlichen Ton und
deren Feinheit, und deren Witz, und deren Scharfsinn, und deren

Menge, und deren musterhafte Schreibart. Hier wird stark
gewitzt und ich witze auch, Gott weiß, wie oft den Tag.
Berliner Witzproben: Einer der erzählen hörte, der
Buchhändler Vieweg in Braunschweig handele auch mit
Ochsen, sagte: er sollte sich nicht nennen, Buchhändler Vie=
weg, sondern Viehhändler Buchweg ... Eine Schülerin
des Humbold kam in einen Laden und forderte ein Band,
das zwei Sirius breit wäre[82]) ... Als man mich
fragte, ob ich schon in Berlin gewesen ... Ja, vor vielen
Jahren, als ich noch mein eigner Sohn war. — Wir be=
kommen jezt hier Frühlingswetter. Der Frühling hier soll
überhaupt recht angenehm seyn, und den Sommer macht
hier weniger die schlechte Gegend, als der Staub uner=
träglich. An schattigen Bäumen fehlt es gar nicht, und
es scheint mir nicht so schlimm, als man es bei uns macht. —
Ich bin sehr begierig, wie es dem Dr. Reinganum geht.
Wenn er sich nur dabei keine unnöthige Gemüthsbewegung
macht. Das verdient kein Geld. Was macht die Tauferei?
Vergessen Sie nicht, die Schnapper zu grüßen. — Nie hat
eine Musik größeren Eindruck auf mich gemacht, als die
Alceste von Gluck, auch Mozart nicht. Ich habe es Ihnen
oft geklagt: Mozart verleidet Einem das Leben, er ver=
nichtet uns. Aber während der Alceste war ich ein Held
in meiner Loge. Es ist eigentlich eine gesungene Tragödie,
die ganz im griechischen Geiste wie gedichtet so gespielt
worden. Die Chöre treten niemals ab, sie sind die
Hauptsache und eigentliche Parthieen ohne Chor giebt es
gar nicht in der Oper, das gefällt mir. In der Musik
wie im Leben, liebe ich nur die Massen. Solostimmen
finde ich anmaßend und langweilig. Welche eine Erhaben=
heit in dieser Alceste, aber keine himmlische wie bei Mozart;
es ist eine menschliche, eine erreichbare Erhabenheit. Alle
die mich gesprochen, bedauern, daß ich nicht einige Tage

früher nach Berlin gekommen, um der Aufführung des Judas Makkabäus, eines Oratoriums von Händel bei= zuwohnen. Das soll ganz unvergleichlich seyn [83]). Wenn auch nicht völligen, doch einigen Ersatz werde mir das Alexanders=Fest von Händel gewähren, das in nächster Woche gegeben wird. Wie kleinstädtisch und erbärmlich kömmt mir die Frankfurter Oper mit der hiesigen verglichen vor. Der Chor in der Alceste bestand aus mehr als hundert Personen. Und da entschuldigte man sich noch bei mir über die ärmliche Ausstattung der Alceste. Ich müßte eine Spontinische Oper sehen, um Chor, Dekorationen und Pracht zu bewundern. Dieser spitzbübische Italiener läßt nur seine eignen Opern mit Glanz aufführen, und die übrigen behandelt er als Stiefkinder. [84]) Er dirigirt auch nur in seinen eignen Opern. Ganz Berlin ist über seine Vernachläßigung gegen Mozart, Spohr, und alle deutsche Musik aufgebracht, aber er ist ein Günstling des Königs [85]). Ein gewißer Rellstab [85]) hat kürzlich eine große dicke Brochüre gegen Spontini geschrieben, worin er alle seine Sünden aufzählt. Außer Jeßonda ist keine einzige Oper von Spohr auf dem Repertoire. Wenn Mozart ja einmal vorkömmt, wird er vorsätzlich schlecht einstudiert, damit die Welt keine Freude daran finde. — Mein Be= dienter kömmt eben leer von der Post zurück. Abieu. Grüße alle. Dein

Charles.

4)   Berlin Samstag den 23. Febr. 1828.

Juten Morjen meine liebe jute wie jetzt? Grüß Di Gott. So lang, so lang hab i mei Schatz nit gesehe! Ach! in allen Dialekten sehne ich mich nach meinem lieben Bärbelchen. Gott segne Dich gute Seele für Deinen lieben Brief und deine Freude an die meinigen. Deine No. 5

erhielt ich heute. Rg's Geschichte interessirte mich sehr.
Daß er sich nur nicht beunruhige. Die Kälte der Juden
und Schufte ist es hauptsächlich, die ihnen ein solches
Übergewicht über uns ehrliche Leute giebt. Wenn er von
Eder den Prozeß führen läßt, das ist gewiß das Beste.
Fragen Sie den Rg., ob nicht ein Fehler geschehen, daß
sie in meinem Hause, und dann Dr. Goldschmidt die
Klage der Theaterdirection gegen mich in Hände ge=
nommen, ob das nicht als eine Insinuation angesehen
werde, und man mir den Termin anrechnen werde? —
Gehen Sie doch gleich zu Worms, und kündigen Sie, wie
verabredet, die beiden Stuben auf. — Schreiben Sie mir
doch genauer, als es in Ihrem vorigen Briefe geschehen:
1. Wie viel jeder meiner Wechsel betrage? 2. Wann jeder
derselben völlig? 3. Wie viel baares Geld Sie noch be=
kommen? 4. Ob und wie Samuel die 600 fl. angelegt?
Doch erkundigen Sie sich nach letzterem mit Bescheidenheit,
denn wenn Samuel das Geld baar liegen laßen, um es
immer zu meiner Disposition zu haben, ist es mir auch
recht. — Ich will nächstens alle Ihre Briefe noch einmal
durchlesen, und sehen, ob mir etwas darin zu beantworten
bleibt. Ich bin noch gar nicht recht im Takte. Aus
meinem Stillleben plötzlich in eine geräuschvolle Welt ver=
sezt, schwindelt mich etwas. Es ist doch hier schon sehr
großstädtisch, und für mich fast mehr als Paris, weil ich
dort so einsam gelebt. Ich habe eigentlich die größte Zeit
meines Lebens in der Einsamkeit zugebracht, weil ich selbst
in großen Städten mich von Menschen entfernt gehalten.
Ich glaube, das giebt mir hier etwas frisches, etwas Jung=
fräuliches, was den Leuten gefallen muß. Meine Artig=
keiten sind selbst erfunden, nicht der feinen Welt ab=
gelernte. Ich muß mich jezt besinnen, wo ich in meiner
Biographie stehen geblieben bin. Gestern habe ich bei

Joseph Mendelssohn[86]) zu Mittag gegessen, in Gesellschaft
der Mariane Saaling, der Frau v. Hellwig, einer be=
kannten Schriftstellerin[87]) u. andern. Es sind nehmlich die
Mendelssohns, welche im Sommer bei Coblenz wohnen.
Die Leute haben mir sehr gut gefallen, und, wie ich nach=
her von den Saalings gehört habe, ich ihnen ungemein.
Joseph M. soll ein sehr kluger Mann seyn. Der erste
Eindruck, den die Frau auf mich gemacht, war nicht der
günstigste. Sie hat eine gewiße förmliche vornehme
Haltung, trug ein schwehres blau samtnes Kleid, und
legte bei Tische die Handschuh nicht ab. Aber ich irrte
mich. Sie ist sehr einfach und natürlich in ihrem Wesen. Sie
hat schon einen verheirateten Sohn und allerliebste Enkel.
Der Sohn war abwesend, aber die Schwiegertochter saß
mit bei Tische, und zwar mir gegen über, und sah mich
mit ihren klugen warmen Augen unaufhörlich an. Die
Frau v. Imhof, geb. Hellwig (oder umgekehrt geb. Im=
hof) ist die Gattin eines Weimarischen Generals. Im
Winter lebt sie getrennt von ihrem Manne, im Sommer
aber mit ihm auf einem Gute am Rhein. Ihre Schriften,
die ich nicht kenne, werden geachtet. Übrigens ist sie eine
roth angestrichene alte Schachtel, in welche man Maikäfer
gesperrt, die viel summen. Sie zappelt und ist sehr lebhaft,
und hat mir viele Artigkeiten über meine sämmtlichen
Werke gesagt. Wo ich noch bis jezt war, war die Mariane
Saaling mit, und mir zur Seite. Es ist mir ganz wohl
wenn sie da ist, ich fühle mich dann, wie zu Hause. Sie,
die ich vor wenigen Tagen noch gar nicht kannte, ist in
mein Herz escamotirt worden, ich weiß nicht wie? Es ist
eine unerklärliche Taschenspielerei. Ob das, was sie so
anziehend macht, Kunst oder Natur ist, ob Verstand oder
Herz — wie sich das endlich finden wird, bin ich sehr begierig.
Unentschieden wird es mir wohl nicht bleiben. Sie hat ein

schönes junges Kammermädchen, von auffallend sittlicher
Haltung. Sie erzählte mir, man habe ihr einst in Frank=
furt von einem sehr kranken, verlassenen jungen Mädchen
erzählt. Sie habe das Kind holen lassen, lange gewartet
und gepflegt, endlich sich angezogen — das sei das
Mädchen, das wie eine Tochter an sie hänge. Als ich sie
gestern Mittag abholte, um sie zu Mendelssohn zu führen,
hörte ich wie sie von ihrem Dienstmädchen, und dieses von
ihr Abschied nahm — es war grade wie zwischen Mutter
und Tochter. Sie sagte dem Mädchen: Adieu und grüß
mir die armen Leute. Auf der Straße erzählte sie mir ihre
Lebensweise. Sie giebt und nimmt Lehrstunden, ließt alles
und geht viel in Gesellschaft. Man müßte nur die Zeit
gehörig benutzen. Humbold habe ihr gesagt: „Die Zeit
ist elastisch," (ein gutes Wort). Aber Kranken=Besuche
und Pflege, das fülle einen großen Theil ihres Tages aus.
Ein trauriges Geschäft! bemerkte ich. „Es ist ja die einzige
Pflicht, die ich habe," sagte sie mit einem tiefen Seufzer.
Sie erzählte eine traurige Geschichte, die sich den Tag
vorher hier begeben. Ein junges schönes Mädchen, aus
guter Familie, ging aus, um Humbolds Vorlesungen zu
besuchen. Sie kam an ein Hause vorbei, auf dem ein
Dachdecker arbeitete. Da traf sie ein herabfallendes Beil,
und nach 2 Stunden starb sie. Was diesen Zufall noch
tückischer mache, ist: daß der Dachdecker das Beil vorsätz=
lich herabgeworfen. Nehmlich der Mensch ward schwind=
licht und fand kein anderes Mittel sich im Gleichgewichte
zu erhalten, als das Beil herabzuschleudern. — Heute
Vormittag habe ich 2 Stunden bei der Julie Saaling
zugebracht. Die ist gar zu glücklich! Sie gefällt mir auch
recht gut; nur begreife ich nicht, wie diese beide Schwestern
mit einander harmonieren können; sie scheinen mir durch=
aus verschieden. Ich meyne, schon ihre beiderseitigen

verschiedenen Tugenden müßen unverträglich seyn. Die
Julie hat ihren Mann und ihr Glück auf den Alpen ge=
funden. Nehmlich als sie vor 5 Jahren, mit Mendelssohn
und Dr. Neuburg in der Schweiz gewesen, habe sich die
Liebe zwischen ihr und dem Dr. Heyse (Hofmeister bei
Mendelssohn) angesponnen. Das erzählte mir die Julie
nicht selbst, sondern ihre Schwester.[38]) Ich dachte: der
Teufel hole die Weiber, wenn man selbst auf dem Rigi,
5000 Fuß über alles Waffer erhaben, nicht sicher vor ihren
Netzen ist! Wie haben wir beide euch Frankfurter, be=
sonders die Juden durchgehechelt! Sie erzählte: eine
Judenfrau in Frankfurt wäre nach Hauße gekommen und
habe zu ihrer Tochter gesagt: Saale du bist eine Kalle *) ...
Mit wem? ... Das geht Dir nicks an. — — Diesen
Abend war ich bei der Uhden, und dann bei der Levi, wo
viele Leute und allerliebste Frauenzimmer waren. —

   Sonntag d. 24. Febr. vor Mitternacht. — Schläfft
Du oder wachst Du? Hätte ich kein Bärbelchen, dem ich
schreiben müßte, könnte ich mich ins Bett legen, wie andere
ehrliche Leute. Ach! was sind die Ehemänner geplagt!
Nun gleich zu meiner Biographie, denn ich bin sehr
schläfrig. Dein Carlchen ist sehr munter, (nehmlich wenn
er nicht schläfrig ist) sehr vergnügt, führt sich gut auf,
gefällt überall und macht seiner Nation große Ehre. Aber
erschrecklich viel Geld kostet die Ehre! Doch bereue ich es
nicht. Mein Aufenthalt hier wird mir viel nützen, was
w i r unter nützen verstehen. Diesen Vormittag ward es
nicht leer bei mir von Besuchen. Allerlei junge Doktoren,
Buchhändler u. a. Dichter bringen mir Tragödien im
Manuscript, daß mir die Haare zu Berge stehen.
Wenn ich sie gar erst lese, werden sie mir ausfallen.

---

*) = Braut.

Mittag habe ich bei Beer gegessen, der Familie des Dichters und Componisten. Der Componist, ein kleines, schwarzes, häsliches Judenmännchen von 36 Jahren, hat eine schöne Frau, die ich aber gar nicht gesprochen; die Gesellschaft war zu groß. Bei Tische ließ er sich immer aparte Sachen auftischen, die er allein verzehrte. Der Bruder ist Bankier und hat auch eine hübsche Frau. Die Mutter, eine alte näselnde Jüdin, war schon viermal in Italien. Diese Leute machen das glänzendste Haus hier, nehmlich in Feten. Heute war eine sogenannte kleine Gesellschaft und es waren doch dreysig Personen bei Tische. (Gubitz,[39]) Redakteur des Gesellschafters; Clauren,[40]) der mir sagte, ich hätte ihn einmal herabgehunzt, aber er beuge gern den Nacken; Offiziere, Schauspielerinnen, Schmarozzer aller Art. Sie wohnen im Thiergarten, weit von der Stadt. Die Saaling sagte mir: sie habe sich von diesem Hause losgemacht, denn es wäre weit hin und nicht weit her. Ich war im Theater, Spontinis große Oper O l i m p i a zu sehen. Ich konnte es nur einen Akt aushalten. Eine solche Verwirrung und Langweiligkeit ist mir in Noten noch nicht vorgekommen. Aber die Pracht ist unbeschreib=lich. Dann ging ich zu Mendelssohn. Da wurden artige Quartetts gemacht. Alle vier Spieler waren zusammen nur 60 Jahre alt aber es ging vortrefflich; — Hummel[41]) ist hier angekommen. — Den Saphir[42]) habe ich besucht, ganz im Geheim. Dieser Mensch ist hier so allgemein ge=haßt und verachtet, daß man mich gewarnt hat, mich öffentlich mit ihm sehen zu lassen. Ich habe ihn aber nicht vorüber gehen wollen, weil er mich in Frankfurt auch be=sucht hat. — Der Mendelssohn war 7 Jahr bei Fuld in Paris auf dem Comptoir. Er sagte, der wäre das größte Handelsgenie das sich denken ließe. Er wäre jezt sehr reich, wenigstens 4—5 Millionen. Die Familie Mendels=

sohn zeigt doch, daß das Schicksal nicht immer ungerecht
ist. Der verstorbene Mendelssohn war ein ganz gemeiner
Meschores [48]) bei einem Schacherjuden. Durch seine Geistes=
kraft erhob er sich zu einem eblen Manne, warb ein
bedeutender und liebenswürdiger Schriftsteller und genoß
großen Ruhm im vorigen Jahrhundert. Seine Kinder sind
Millionär und seine Enkel bedeutende Maler und Virtuosen.
Es ist schon genug, wenn das Verdienst der Eltern an den
Kindern belohnt wird. Die Mendelssohn mögen sehr reich
seyn. Ein Herr Fränkel, früher ihr Compagnon, ist mit
800 000 Thr. aus der Handlung getreten. — Haben Sie
denn noch nichts über die Zusammenkunft mit Guste be=
schlossen? Aber seyen Sie nur vorsichtig, daß Sie sich in
keine lästige Verbindlichkeiten einlassen. — Ich glaube, daß
dem Schmit Ems sehr gut thun würde. — — Eben er=
halte ich die liebe No. 6 mit den 6 süßen Nadelstichen.
Sei ohne Sorge, ich müde mich nicht ab. Ich fahre oft,
und Berlin ist ja lange nicht so groß als Paris. Auch
wohnen die meisten meiner Bekannten in der Nähe. —
Bärbelchen, Du hast den Verstand nicht allein. Ich hätte
schon ohnedies gewußt, daß ich den gewissen Punkt (ach!
wäre er nur gewiß) gegen meine Schwester mit Stillschweigen
übergehe. Das Epigramm gegen Stiebel hat mir sehr ge=
fallen, und ich finde nichts darin, was ihn beleidigen
könnte. Meiner Schwester Sohn läßt sich gar nicht bei
mir sehen. Ein wunderlicher Kautz. — Wir wollen aber
auch fest dabei bleiben, nicht ängstlich zu werden über
wechselseitiges Ausbleiben der Briefe. Zweimal wöchentlich
soll Regel seyn. Ich wiederhole was Du gern hörst, ich
bin sehr vergnügt, und habe sehr klug gethan hierher zu
kommen. Ich lerne die Welt und mich selbst kennen.
Ich betrage mich mit vielem Takte, worüber ich selbst er=
staune. Ich suche alle möglichen Menschen auf, was sonst

gar nicht in meiner Natur liegt. Ich lasse mir gelegent=
lich von meinen Bekannten Zeugnisse meiner guten Auf=
führung geben. Zerstreue dich so viel als möglich. Je
weniger du mich vermissest, je zufriedener bin ich. Wenn
ich die langweiligen Ballette sehe, denke ich immer an Dich.
Wie schön kannst Du auf einem Beine tanzen. Sie
machen es hier nicht besser. Mein Spiegel bevölkert sich
nach und nach mit Visitenkarten. Mariane Saaling hat
mir gesagt, sie wünsche sehr mit mir in der Folge zu
corresponsiren. Wirst Du nicht eifersüchtig werden? Mich
gönnst Du wohl jeder andern aber nicht meine Briefe. Ich
habe hier schon einige Damenbillets bekommen. Ich
sammle sie für Dich. Adieu, einziges Bärbelchen.

    Montag 25. Febr.   Dein Karl.

----

5)   Berlin Mittwoch b. 27. Febr. 1828.

So eben, (Morgens 9 Uhr) erhielt ich Ihren Brief
No. 7, den ersten in meiner Wohnung. Ich wollte wetten,
daß es Ihnen hier besser gefiele als in Paris. Aber hier
oder dort, nur von Frankfurt weg. Mütterchen, was
führen wir in Frankfurt für ein Hundeleben. Ja ärger
leben wir als die Hunde, denn ein Hund hat doch, was
er wünscht. Bei jeder angenehmen Unterhaltung, die ich
hier genieße, seufze ich im Stillen: Ach wäre nur mein
Bärbelchen da. Hänge Dich Bärbelchen; ich war schon
einige Mal liebenswürdig, und Du warst nicht dabei!
Aber ich muß lachen, wenn Sie noch von der Robert
schönen Augen mit mir sprechen. Die liegen ein Jahr=
hundert hinter mir. Ich liebe jetzt die Mondscheinaugen
der Mariane Saaling, und wie liebe ich sie! Sie ist ganz
wie Du, Ihr beide habt nur eine Seele, und Du brauchst
ihr keinen Platz in meinem Herzen zu machen. Ich wollte

taub und blind seyn, und wissen, wenn sie in das Zimmer
tritt; es ist als verbreite sie einen Wohlgeruch um sich her.
Ich sagte vor einigen Tagen der Herz, sie möchte mir doch
aufrichtig ihre Meinung von der Saaling sagen, aber so
aufrichtig, wie man über ein Buch spricht. Sie verstand
sich dazu, aber nur im Vertrauen auf meine Verschwiegen=
heit. Wir wurden bald durch einen Besuch unterbrochen,
und ich erfuhr nicht alles, was ich wünschte; nur folgendes.
Mariane — sagte die Herz, — hat ein unvergleichliches,
tiefes Gemüth; aber wenig Verstand. Sie hat einen
„dünnen Verstand“. Die bekannte Geschichte von
Marialwa. Sie liebte den Koreff,[44]) der aber ihre Liebe
nicht erwiederte. Aber ich bitte dich Bärbelchen, sage das
keinem wieder. Bedenke, daß die Saalings viel nach
Frankfurt correspondiren, und daß sie sehr leicht, und zwar
entstellt erfahren würden, was ich von ihnen gesagt. Sie
sagen es dem Reis, dieser redet bei Ochs, dann Röschen,
Henriette Götz, dann Herz — und die Post ist hier. Dem
Urtheile der Herz über den Verstand der Mariane traue
ich nicht recht. Die Herz ist nur Verstand, Geist hat sie
nicht, Gemüth auch nicht, ob sie zwar gut ist. Man
täuscht sich oft bei großen Herzen, weil sie den Kopf be=
decken. Ein Gemüth, wie das der Mariane ist wie ein
tiefer Brunnen, in dem man die Sterne auch bei Tage
sieht; aber Nacht ist darum doch nicht. Von mir wurde
auch oft so geurtheilt; man glaubte, ich hätte keinen Ver=
stand, weil ich ihm nicht folge. Was die Mariane spricht
ist sehr vernünftig, nur auch herzlich zugleich. Sie ist
witzig, scherzt viel, und, damit ihr in meinen Augen nichts
fehle, macht sie sich auch zuweilen lustig über andere Leute.
Eine solche Unterhaltungsgabe ist mir noch nicht vor=
gekommen. Andere, und wäre ihre Gesprächigkeit noch so
leicht, müssen doch pumpen; sie aber ist wie ein Spring=

brunnen, der in einem fort murmelt; man braucht nur
hinzuzukommen um zu hören. Ich gefalle ihr, und sie hat
es mir gesagt, und als ich bemerkte, ich könne zwar ge=
fallen, aber es dauere lange, bis es dahin käme, er=
wiederte sie, bei ihr sei es schnell gekommen. Ich gefalle
überhaupt Allen. Wer hätte das gedacht! Wer hätte
das gedacht! Ich habe gestern 5 Stunden bei den
Salings zugebracht, und wie so viele Minuten gingen sie
mir vorüber. Es wurden so viele komische Sachen erzählt,
daß ich mein Taschenbuch herauszog, das gehörte nieder
zu schreiben. Z. B. Die Julie Saaling sah im Königl.
Pallaste Büsten von Luther und Melanchton. Sie fragte
den Castellan: nicht war, das ist Melanchton? „Nein, es
ist Eisen." — Ihr Frisirmädchen erzählte ihr, ein junger
Mensch habe sich aus Liebe erschossen. Man habe ihn
aufgeschnitten. „Nun, was hat man in ihm ge=
funden?" .. „Verdrehte Nerven im Gemüthe" — Grabschrift
eines Grafen in Königsberg: Hier ruhen die Gebeine des
jezt noch lebenden Kremanski. — Der Dr. Heise ist ein
ganz vortrefflicher Mensch und lebt mit seiner Frau wie
im Himmel. Montag Mittag aß ich wieder bei Varn=
hagen. Sie schrieb mir ein Billet, warum ich mich nicht
sehen ließe? Und ich sollte bei ihr essen. Diese Leute
scheinen mir nicht einig mit sich selbst. Sie möchten gern
vornehme Leute seyn, und haben doch zu viel Verstand und
Herz, diese Rolle schön zu finden. Wir aßen auffallend
gute Beefsteaks, die waren nach Rumohrs Kochbuch zu=
bereitet. Gans hatte ihr dieses Kochbuch empfohlen, und
die Varnhagen sagte, es sei vortrefflich, und sehr practisch.
Sie gab mir mein Büchelchen gegen die Berliner Literatur
Zeitung [45]) mit ihren eigenhändigen Noten am Rande. Ich
fand aber kein vernünftiges Wort in ihren Einwendungen,
und ich werde in großer Verlegenheit seyn, was ich ihr

darüber sagen soll. — Montag Abend wurde ich in die Mittwochsgesellschaft⁴⁶) eingeführt; es ist die worüber mir einst Hitzig geschrieben, daß meine Rede über Jean Paul darin vorgelesen worden. Ich wurde dort mit einem Strome von Complimenten überschwemmt, hatte aber schreckliche Langeweile. Sie hätten ihre Schadenfreude daran gehabt. Um Ihnen meine Lage deutlich zu machen, will ich eine Zeichnung von dem Saale und den Sitzen geben.

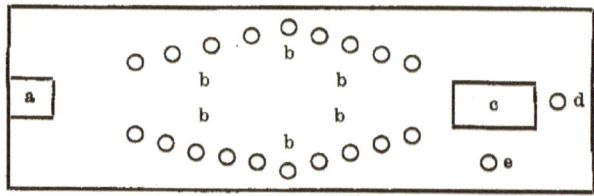

a. Thür. b. b. b. Zuhörer. c. Tisch des Sekretärs. d. vor-lesender Sekretär. e. Ich. — Ich hatte um Entschuldigung gebeten, wenn ich mich ganz oben setze, weil ich nicht gut höre. Jezt kam ich aber neben den Sekretär und hörte, und das war noch schlimmer. Der las aus einem ganz unbekannten neuen Dichter, wenigstens 25 Gedichte vor, und nicht einmal ein Urtheil darüber. Ich gähnte fürchterlich und hielt mir die Hand vor den Mund. Es half aber nichts. Der Wind der Langenweile, der durch meine geschlossenen Finger drang, machte die Lichter auf dem Tische flackern. Meine Angst war aber noch größer als meine Noth. Auf dem Tische des Sekretärs lag nehmlich ein Zettel überschrieben: Speisezettel, und darauf einige Namen anwesender Gelehrten: Chamisso, der Verfasser von Peter Schlemihl, Streckfuß und noch einiger. Ich in meiner Superklugheit denke, das Wort Speise-zettel wäre hier scherzhaft gebraucht, und enthalte das

Verzeichnis derjenigen, die den Abend vortragen würden. Ich war sehr betrübt dieses alles mit anhören zu müssen; denn aus dem Saale unbemerkt von meinem Sitze zu entfliehen, war, wie Sie aus der Zeichnung ersehen, ganz unmöglich. Indessen ergab ich mich in mein Schicksal; es waren doch nur 3 bis 4 Namen. Jezt kam aber ein fünfter und unterschrieb, jezt ein sechster, und immer mehrere und mehrere. Ich kam in Verzweiflung; ich glaubte, daß die alle vorläsen. Endlich kam der Hauswirth und holte den Zettel. Es waren nichts als Unterschriften zum Abendessen, mit welchem die schönen Geister ihren Abend zu beschließen pflegen. Man soll nicht zu klug seyn. Hitzig war sehr artig, und ich entschuldigte mich bei ihm, daß ich seinen Brief nicht beantwortet. Ich blieb nicht zum Essen. — Wegen Gans seyen Sie nicht besorgt, ich weiß wohl, daß ich mit ihm nicht gleichen Schritt halten kann, weder im Laufen noch im sonstigen. Ich lebe so mäßig wie zu Hause und lasse mich nicht irre machen. — Gestern Mittag gab mir ein Buchhändler, der unverheirathet ist, ein glänzendes Essen in einer Restauration. Wir waren zu sechs. Habe mich nicht amüsirt. Der arme Buchhändler wird die 20 Thlr., die ihm die Fete gekostet, umsonst verwendet haben. Holtei giebt ein Theater= Journal[47]) bei ihm heraus und da wollen die Herren haben, ich soll mitarbeiten. Gehorsamer Diener! — Ich bekomme hier jeden Morgen unentgeldlich die politische Zeitung geschickt, wie in Frankfurt. Dazu trinke ich mein gewöhnliches Zuckerwasser. — Meine Empfehlungen von Willemer[48]) an Marheinicke[49]) habe ich erst gestern, und die an Ritter[50]) erst heute abgegeben. Der erstere war viertelsilbig, zuweilen halbsilbig, weiter hatte ers nicht getrieben. Das Conversationslexicon hat er schwehrlich gelesen. Um ihn zum reden zu bringen blieb mir nichts

anders übrig als ihn zu fragen, wo er gebohren und er=
zogen worden. Ritter wird gelobt; ich kam aber zu einer
Zeit wo er gerade in die Vorlesung gehen mußte. Bei
diesen beiden Bekanntschaften wird nichts herauskommen.
Was wollen sie auch mit mir machen? Das ist nicht wie
bei reichen Bankiers, die ein offenes Haus haben, und die
man nicht genirt. — Abends 10 Uhr. — Als ich heute
Mittag zur Herz kam, um sie zu einem Essen abzuholen,
wo wir beide eingeladen waren, fand ich drei junge Leute
bei ihr am Tische essend, und sie saß dabei und legte vor
und sprach mit ihnen. Ich hätte sie so mahlen mögen, so
liebenswürdig erschien sie mir. Sie giebt nehmlich jeden
Mittwoch vier armen Studenten zu essen. Das ist doch
schön, da sie gar nicht vermögend ist. Aber das ist noch
wenig; man muß ihre Aufmerksamkeit und freundliche Be=
dienung dabei sehen, die Nettigkeit der Gedecke, die Fülle
der Speisen — es war gekocht für zehen — und den un=
genirten Appetit der jungen Leute. So was geschieht in
Frankfurt nicht, gewiß wenigstens nicht auf solche Art.
Die Herz trug ein weiß atlas Kleid, und einen weißen
türkischen Bund auf dem Kopfe und sah um 15 Jahr
jünger aus als sie ist. Es ist merkwürdig mit dieser
Frau! Sie will nicht alt werden, und sie wird es nicht;
sie will nicht für alt gelten und sie gilt nicht dafür. Sie
wurde im 15ten Jahre ihres Alters verheiratet und lebt
jezt schon ein halbes Jahrhundert in der großen Welt,
und wird noch immer als neu geachtet. Ich habe sie in
zahlreicher Gesellschaft gesehen, wo viele junge Frauen=
zimmer waren — es wurde ihr keine vorgezogen, und die
jungen Männer unterhielten sich mit ihr, als wär sie ein
18 jähriges Mädchen. Und dennoch habe ich nie bemerkt,
daß sie auf eine ihrem Alter unanständige Weise sich her=
vordrängte. Dabei kann ihre Unterhaltung keineswegs

geistreich genannt werden. Aber sie ist verständig, und die
Zeit wird einem bei ihr nicht lange. Sie hat eine seltene
Festigkeit des Charakters und weiß eine kluge Regel stand=
haft zu befolgen. Wenn sie steht, bedeckt sie dem Auge
drei bis vier Personen in der Gesellschaft und sie hat ganz
das Recht, mich ihr Louischen zu nennen. Fünf
Männchen meines Gleichen könnte man aus ihr schnitzen,
und es blieben noch Späne genug übrig. Wir aßen bei
Madame Levi, wo große Gesellschaft war: Österreichische
Legationsräthe, — (die Diplomaten schieben mit den Ohren,
sagte mir einmal die Saaling,) Professoren, Doktoren,
Frauenzimmer, die beiden Saalings. Es war recht
amüsant. Die Levi ist eine sehr brave und kluge, hier
allgemein geachtete Frau. Sie ist schon viele Jahre Wittwe
und hat nie Kinder gehabt. — Sie haben recht, mich mit
dem Rauchen zu necken. Ach! wie geht es mir darin so
schlimm, ach! wie bin ich so zahm geworden! Ehe ich
ausgehe, spüle ich mir den Mund rein um nicht nach
Taback zu riechen. Meine Wirthin, die neben meinem
Zimmer wohnt, ließ mich schon einige Male bitten, ich
möchte doch nicht so viel rauchen, der Rauch zöge in ihre
Stube. Ich ließ ihr antworten: das könne ich nicht ändern
und sie möge die Spalten der Thüre verstopfen. Wie
sauber sind meine Hände! Aber Roberts Finger sollten
Sie sehen. Das sind keine Mohrchen, das sind Mohren.
Das ist ein Schwein! ich bin ein Bleichplatz gegen ihn.
Lassen Sie doch durch Reis, Speiers von mir grüßen, und
Hrn v. Wehli.[51]) Die Empfehlungen haben mir sehr
genützt. — Denken Sie nur welche Kleinstädterei mir ent=
wischt. Mein Wirth ist ein Musikalienhändler. Und jezt
frage ich diese Woche, als er zu mir kam, ob er nicht das
Lied habe: So lang, so lang, hab ich mein Schatz nicht
gesehen,[52]) und singe es ihm vor, daß mir die Thränen in die

Augen kommen, und vergeſſe ganz, daß ein Muſikhändler
unmöglich im Kopfe haben könne, welche Lieder er im
Laden habe. Er lächelte ganz maliziös und ſagte, er wolle
nachſehen. Seien Sie unbeſorgt; mein Wirth und Be=
diente ſind ſehr ordentlich Leute. Ich habe es glücklich
getroffen. Die Wohnung habe ich mir ſelbſt geſucht, da
wie in Paris, Zettel an den Häuſern hängen, wo Zimmer
zu vermiethen. Ich wohne, wie man in Paris ſagt: au
centre des affaires et des plaisirs. Nur von den Saalings
wohne ich weit weg, den übrigen Bekannten aber nahe. —
B. g. W.

Donnerſtag d. 28. Febr.

6)   Berlin d. 1. Merz 1828 (Samſtag).
Deinen lieben lieben Brief und die ſüßen Nadelſtiche
darin habe ich hundertmal geküßt. Seit Du mich Du nennſt,
iſt erſt recht der Frühling über mir aufgegangen und es
iſt mir als finge ich erſt jezt an, Dein ſchönes Herz im
Sonnenſchein zu ſehen. Wir wollen uns von den Gefahren
zu großer Liebe nicht ſchrecken laſſen, wir wollen uns immer
mehr und mehr lieben. Aber ängſtige Dich doch nicht mehr
über meine Angſt. Ich hatte keine. Ich erhalte Deine
Briefe immer pünktlich am vierten Morgen, und wenn ich
einen vergebens erwartet, ſo war ich doch nicht unruhig,
ich dachte mir gleich, du würdeſt einen Tag ſpäter ge=
ſchrieben haben. Der Berliner Correspondent, der an
Speier von mir geſchrieben, wird wohl ein anderer als
Oppenheim geweſen ſeyn. Denn dieſer iſt gerade der
einzige, der nichts weiter von ſich hatte hören laſſen. Ich
hatte nehmlich alle beſucht, und da ich keinen zu Hauſe
gefunden, meine Karte zurückgelaſſen. Alle haben mich
wieder beſucht, nur Oppenheim nicht. Doch vielleicht hat

er meine Adreſſe vergeſſen, und ich werde darum noch ein=
mal zu ihm gehen. Ich bleibe meinem Vorſaṭe treu,
Menſchen aller Art hier kennen zu lernen, und ihre Ein=
ladungen zu benuṭen, ohne meiner Neigung nachzugeben;
denn wenn ich dieſes thäte, hätte ich an meinen ſchon ge=
machten Bekanntſchaften genug, denn beſſere finde ich doch
nicht. Schleiermacher⁵⁸) aber werde ich nicht beſuchen. Ich
habe früher in Frankfurt erfahren, daß er ſich nicht vortheil=
haft über mich geäuſſert und daß er mich nicht leiden kann.
Daß die Herz mich noch nie aufgefordert zu ihm zu
gehen, iſt mir ein Wink mehr. Übrigens ſieht ihn die Herz
auch nicht bei ſich, weil ihre Vermögensumſtände es ihr
nicht verſtatten, Leute zu empfangen. Die Reinganums
haben Unrecht wenn ſie glauben, die Saalings hätten mich
in Frankfurt aus Vornehmheit vernachläſſigt; ſie konnten
mir doch als Frauenzimmer unmöglich entgegenkommen,
und ich habe nie den geringſten Schritt gethan, ihre Be=
kanntſchaft zu machen. Die Verhältniſſe in dem Hauſe
ihrer Schweſter hätten dieſes auch ſehr erſchwehrt. Die
Julie hat ſich hier ſchon gegen mich über die Adelswirth=
ſchaft, die in Frankfurt im Herziſchen Hauſe getrieben,
ſehr luſtig gemacht, und die Mariane, als ich neulich dabei
war, wie ſie einen Wiener Diplomaten, der ihr empfohlen
worden, aufmerkſam behandelte, bemerkte mir als er fort
war, wie um ſich in meinen Augen zu entſchuldigen: ſie
könne ſolche Leute nicht entbehren, weil ſie oft Geſchäfte
nach Wien hätte, die man nur durch Diplomaten könne
beſorgen laſſen. — Bitte den Bernhard, die einliegende
Anweiſung für mich zu kaſſiren. Sollte mein Bruder
Philipp nicht in Frankfurt ſeyn, dann hat mein anderer
Bruder, und iſt auch dieſer abweſend, Spiro Zahlung zu
leiſten. So iſt der Vertrag. — Jeṭt zu meiner Biographie
zurück. Donnerſtag war ich wieder in den Humboldiſchen

Vorlesungen. Sie sollten nur das Zuströmen der Menschen und Kutschen sehen. Es stehen Gensd'armes zu Pferde und Polizeicommissaire vor dem Hause. Ich habe wieder nichts gehört. Humbold hat keinen deutlichen, überhaupt keinen schönen Vortrag. Mit meiner Harthörigkeit ist es schlimm und ich glaube nicht, daß viel dagegen zu thun ist. Die Taubheiten, die in Wiesbaden curiert werden, sind wohl rheumatische, schnell entstandene. Bei mir sind Unterleibskrankheiten, Stockungen des Geblüts Ursache. Ich werde in Ems Wasser und Dämpfe ins Ohr bringen das hilft vielleicht. Ich bin aber hier mit sehr vieler Grazie taub und es macht mich nicht lächerlich. — Donnerstag Abend wohnte ich der Aufführung von Händels Alexanderfest bei. Eine schöne Musik! Der aus mehr als 200 Personen bestehende Chor ward von den Dilettanten der Singakademie gebildet. Die Milder[54]) und zwei vortreffliche Sänger der Oper, hatten die Solopartieen. Die Julie Saaling sagte mir, die Chöre im Frankfurter Cäcilien-Verein gingen besser als hier. Man werde aber hier durch die Orchester-Begleitung geblendet, die dort fehle. — Nach dem Conzert ging ich zur Herz Thee trinken. Es unterhält mich sehr, diese Frau zu beobachten, zu belauschen und kennen zu lernen. Früher war ich zu jung und zu verliebt, um sie zu verstehen. Décidément elle n'a point d'esprit; aber Verstand, aber alten der nicht mehr gelenk. Ihre Manieren, wie ich sie früher ge-kannt, tauchen nach und nach aus meiner Erinnerung empor. Sie hat etwas Gebietendes, Ungeduldiges, der Masse ihres Daseyns angemessenes, das man einer jungen schönen Frau gern nachsieht, von einer alten aber mit Mühe erträgt. Ich bin ihr gut, ich vermuthe aber, daß sich andere Frauen im Stillen über sie lustig machen mögen. Sie hat noch die Minauderien, Gesten und

Lächeleien, die ihr vor dreyßig Jahren eigen waren, und sie damals so liebenswürdig machten. Ich beobachte die Mittel und Wege, durch welche sie sich altherkömmliches Ansehen zu erhalten sucht, und welche wohl von den Ber= linerinnen überhaupt zu gleichen Zwecken angewendet werden, besonders von den Jüdinnen, weil sie nur einen usurpatorischen Einfluß haben. Viele Visiten, viele Correspondenzen, junge Leute werden angezogen, Reisende in die Fremde empfohlen, empfohlene Fremde protegirt. Protegiren scheint hier sehr Sitte, was nun frei= lich manchem forthilft. Die Herz spricht von ihren vor= nehmen Bekanntschaften, läßt im Vorbeigehen fallen; sie habe den Minister, jenen Grafen gesprochen. „Rauch (der Bildhauer) ist von München gekommen, ich habe ihn gestern im Conzerte gesprochen. Er hat mir gesagt: Ich habe einen Gruß an Sie von der Baierischen Majestät, (der kennt mich noch von Rom)" . . . Das hörte ich sie seit drei Tagen wohl 10 Mal in verschiedenen Gesell= schaften erzählen. — Gestern Freitag, aß ich beim Präsidenten v. Scheve⁵⁵) zu Mittag. Die Carl hat mir einen Brief an ihn mitgegeben. Wir waren 8 Personen, vier Herren und 4 Frauen, deren Alter neben einander gestellt, bis zum lezten Kreuzzuge reichen würden. Lauter Adlige. Die frugen mich nach zwanzig Frankfurtern, die ich nie habe nennen hören, nichts als Herr von, Fräulein von, Frau von. Sie haben so oft sie durch Frankfurt kamen im rothen Hause logirt, (welches seit länger als 30 Jahren kein Gasthof mehr ist.) Es wurde von keiner bürgerlichen Seele gesprochen. Doch waren sie sehr artig gegen mich. Herr von Scheve und seine hochroth und dick geschminkte Frau sind ganz charmant. Ein junges schönes Mädchen, die meine Tochter, die Enkelin von zweien, und die Ur= enkelin von den übrigen vier Gästen hätte seyn können,

und es vielleicht auch war, saß am ungewöhnlich breiten
Tische mir gegenüber, und richtete das Wort an mich.
Da sprach ich mit einer süßen Flötenstimme, die ich in
meiner Gewalt habe, aber bei bürgerlichem Lumpenpack
wie ihr seyd, nie gebrauche: „Mein Fräulein! Ich be=
daure gar zu sehr daß ich Ihnen lästig fallen muß, ich
höre etwas schwehr." Und das gute Kind ward purpur=
roth, statt daß ich es hätte werden sollen. Wir alten
haben doch wenigstens das Vorrecht der Unverschämtheit!
Der alte Mann, der neben Frau v. Scheve saß, ist
unverkennbar ihr Liebhaber seit dem siebenjährigen Kriege.
Als er zu husten anfing, stand seine alte Freundin vom
Tische auf, und holte aus ihrem Strickbeutel ein Riech=
fläschchen voll Rum, und ließ ihn ein Zuckerlöffelchen da=
von einnehmen. Das sei gut gegen Husten. Dieses
Mittel schien sie blos für ihren Freund immer bei sich zu
führen. Wir haben in Godesberg ein ähnlich altes liebend
Paar gesehen, das einmal an unserm Tische saß, als der
Cöllner Baron ein großes Essen gab. Unter diesen wunder=
lichen Leuten, die gar nichts von mir wußten, als höchstens
was die Carl [56]) von mir geschrieben (und wie wenig wird
das seyn!) saß ich nun wie ein armes Kätzchen, puzte mich
hinter den Ohren, und machte ein Donnerwetter=Gesicht.
Was sich das junge Fräulein für Mühe gab, recht grade
am Tische zu sitzen! Das ist ein Hauptpunkt in der Er=
ziehung der abligen Jugend, und dieses aufrechte Wesen
trägt auch viel zu der Ehrfurchtgebietenden Haltung bei,
die der Adel Bürgerlichen gegenüber zeigt. — Den Abend
war ich bei Mariane Saaling zum Thee geladen. Mehrere
junge Herren, die Herz, Gans. Der leztere kömmt hier
nicht viel in Gesellschaft, und an einigen Orten wo ich
ihn traf, schien er nur aus Rücksicht für mich geladen.
Man will ihn nicht haben, weil er jüdische Manieren hat,

schmutzig ist und sehr schreit. Ich liebe ihn wegen seiner
lauten Stimme. Ein wunderlicher Kerl! Seine Lampe
brennt beständig im Zimmer, ob er zwar Abends nicht zu
Hause, und er einen Bedienten hat, der zu jeder Zeit Licht
anzünden könnte. Zuweilen zündet er ein Schwefelhölzchen
an, und saugt den Dampf ein — das thäte ihm wohl.
Ein großer Schwätzer, ich bin ein Diplomat gegen ihn.
Es ist wirklich gefährlich in seiner Gegenwart etwas zu
sagen, was irgend Einer nicht wissen soll, er trägt alles
herum und verkehrt Wort und Sinn; nicht aus Bosheit,
aus Unbedachtsamkeit. Er verschwendet viel und mag wohl
locker leben. Übrigens viel Geist, und das anerkannt.
Bei der Saaling habe ich genau Acht gegeben, wie es die
Herz macht immer im Gange zu bleiben, und nie zurück=
gesezt zu werden. Mehrere junge Herren, vom Gefolge der
Saaling bekümmerten sich nicht um sie, Gans war in=
different, nur ich blieb ihr. Mit welcher Geschicklichkeit
wußte sie mich festzuhalten, so daß ich sie immer mit ein=
flechten mußte, selbst wenn ich mit andern sprach! Der
Dr. Heise, (der Mann der Julie) gefällt mir gar zu gut.
Er scheint so brav. Gegen seine Frau brachte ich Vor=
urtheile mit, die ich bald aufgab. Sie ist sehr gut, ein=
fach, sie ist h o l d. Dieses Wort würde ich für sie erfunden
haben, wäre es nicht schon da gewesen. Aber Mariane
ist liebenswürdiger. Es hat mich schon oft überrascht,
welche Ähnlichkeit Ihr beide mit einander habt. Sie ist eine
D o l c e j a m a i s, wie Du. Wenn ich noch einige Zeit um ihr
bin, wird sie mir ihre ganze Lebensgeschichte erzählt haben,
ohne es zu wollen, ohne es zu wissen — blos durch S e u f z e r.
Man braucht nur zu hauchen, und die Saiten in ihrer
Brust tönen wieder. Ich spielte mit ihrem Schlüsselbunde
der auf dem Tische lag. „Welche Schlüssel gefallen Ihnen
am Besten" — fragte sie. Ich wählte einige zierlicher Form.

„Dieſer iſt ein ſüßer Schlüſſel, der zu meinem Zucker.
Dieſer . . . ." — und welcher iſt der zu Ihren Briefen?
fragte ich. Da ſeufzte ſie, daß es im ganzen Zimmer
wiederhallte. Die Briefe des Marialva, der ſie betrogen,
das alle errieth ich. Später ſprach ſie vom Sterben, das
ſie fürchtet. Ich ſagte allerlei über den Tod, wie man
gleichgültiger ſterben würde, ginge die ganze Welt mit
unter; das geſchähe aber. Wenn Sie ſterben, ſtirbt die
Welt mit Ihnen. „Ja, ſagte ſie, mit meinem Tode endet
mit mir alles," und dabei ſeufzte ſie, daß es ein Erbarmen
war. Es war ganz gewiß, daß ſie an ihre Eheloſigkeit
dachte. Es liegt den Saalings viel daran, daß es mir in
Berlin gefalle, beſonders des Dr. Neuburgers wegen, der
Berlin immer verläſtert. Julie ſagte mir: „Ja, was gäbe
der Neuburg darum, wenn ein Mann wie Sie Berlin un-
zufrieden verließe." — Mittag aß ich im Wirthshaus.
Abends ging ich zu Joſeph Mendelsſohn, wo ich ſeit ich
dort gegeſſen, noch nicht war. Ich fand die Frau mit
einem jungen Menſchen Schach ſpielen. Sie hielt die
Partie für verlohren und übergab ſie mir. Ich ſpielte ſie
aus und gewann ſie. Dann ſpielten wir Piket. Dann
kam die Mademoiſelle Mendelsſohn (die Pariſerin) und
wir ſpielten zu drei Piket. Später kam die Schwiegertochter,
ein intereſſantes Frauenzimmer, und Mendelsſohn. Man
machte mir ſehr Vorwürfe, daß ich ſo wenig komme. Ich
mußte verſprechen, wenn ich nach Ems ginge, ſie oft auf
ihrem Gute zu beſuchen. Frau Mendelsſohn lieſt engliſch,
ſpaniſch und das übrige. Sie ließ mich das gern erfahren,
indem ſie mir koſtbare Ausgaben von Calderon und
Shakespeare zeigte, die ſie zum Geſchenke bekommen.
Mendelsſohn ſpricht ſehr jüdiſch. Er ſagte mir: Sie wiſſen
wohl gar nicht, daß Sie noch einige Monate in Berlin
bleiben? Ich habe es heute in einer Berliner Zeitung

gelesen. Um 9 Uhr ging ich fort in ein Caffeehaus, und
suchte mich gedruckt in der Zeitung. Da steht: „Der geist=
reiche, (man nehme dieses Wort hier in seiner höchsten Be=
deutung) Dr. Börne aus Frankfurt lebt jezt hier und ge=
denkt einige Zeit hier zu verweilen. Es heißt er werde
sich bald mit einer liebenswürdigen Dame vermählen, die
im Jahre 1783 gebohren ist." Im Kaffeehause strich ein
Herr lange Zeit um mich herum. Endlich trat er zu mir.
„Habe ich nicht die Ehre, den Herrn Dr. Börne zu
sprechen?" — Der bin ich. — „Meine Ahndung! meine
Ahndung!" — „Ich habe ein Anliegen an Sie. Können Sie
mir nicht sagen, was die polnische Gesellschaft in Offen=
bach macht?" — Die ist schon sehr lange aufgelöst. — „Ich
war in der Sache verwickelt." — Wen habe ich die Ehre
zu sprechen? — „O meine Ahndung, meine Ahndung!
mein Name ist zu unbekannt, als daß er Sie interessiren
könnte. Ich heiße Löwenthal und bin Privatlehrer. Meine
Ahndung! meine Ahndung!" — Ich dachte auf gut Frank=
furtisch . . . . mit deiner Ahndung; sagte aber
auf gut Berlinisch: Es hat mich sehr gefreut, Ihre Be=
kanntschaft zu machen. Heute Abend bin ich zum ersten=
male von meinem Grundsatz abgewichen und habe eine
Berliner Merkwürdigkeit zu sehen versäumt, aus Faulheit.
Nehmlich, ein bal paré im Schauspielhause, wo der König
und der ganze Hof hinkömmt. Es ist der lezte diesen
Winter. Ich hätte Schuhe anziehen müssen, die Entree
kostete fast 3 Gulden, und ich wäre doch nur eine Viertel=
stunde dort geblieben. Es war aber Unrecht. — Ja,
Bärbelchen ich fühle, daß die weite der Entfernung von
Dir trauriger ist als deren Dauer. Als ich heute Deinen
Brief las, betrübte es mich, daß noch zwei meiner Briefe
auf dem Wege waren, von denen Du noch nichts erfahren,
und welche Du noch nicht beantworten konntest. Und so

umgekehrt mit Dir. — Es schlägt 1 Uhr. Gute Nacht.
Das Geld von meinem Bruder verwahre, bis auch das
Quartal der Polizei wird eingenommen seyn, wozu ich in
8 Tagen die Quittung schicken will. Dann sollen nach
meiner zu gebenden Anweisung Schulden davon bezahlt
werden. Aber Bärbelchen, wäre nicht bald Zeit von unsern
Frühlingsplänen zu sprechen? Wo und wann zusammen=
kommen? Ich muß doch meinen hiesigen Aufenthalt und
fernere Reise darnach einrichten. Koppenhagen habe ich
aufgegeben, doch will ich nach Hamburg. — Empfangen
No. 8. — Sontag d. 2. Merz.

B. g. W.

7)   Berlin d. 4. Merz (Dienstag) 1828.
    Als diesen Morgen Dein Brief kam, lag ich noch im
Bette und die Thür war verschlossen. Der Briefträger
pochte mich aus dem Schlafe und da kam ich mir vor wie
ein reisender König, den man unter dem Donner der
Kanonen süß anredet. Dein guter Carl und sein Herz
waren in großer Verwirrung. Nakt war ich und sollte
mich erst ankleiden ehe ich den Brief öffnete, und noch
hundert andere Sachen verrichten. Aber ich war geduldig
aus Ueppigkeit und ließ mein Glück recht dick und süß
einkochen. Ich ließ mir sogar erst Thee machen, als etwas
ungewöhnliches, holte die Schachtel herbei, und nahm die
Zuckerplätzchen heraus. Dann las ich Deine allersüßesten
Zeilen und war glücklicher als im Paradiese, wo man
vielleicht Anispläzchen bekömmt aber gewiß keine Briefe.
Aber wie kamst Du nur auf den Gedanken, daß ich mich
anstrenge durch meine biographische Genauigkeit? Wenn
ich Aeußerlichkeiten erzähle, so geschieht es nur weil dieses
der einzige Weg ist, mir meine Gedanken und Empfindungen

in Erinnerung zu bringen. Ja, die Mariane ist be=
zaubernd; nur Dir würde sie nicht gefallen, weil Du so
bescheiden bist. Aber mein Ideal ist sie nicht, Du bist
mein Ideal, und sie gleicht Dir nur so viel, als die
Wirklichkeit einem Ideale gleichkommen kann. Ich beobachte
sie, wenn sie sich mit den Gegenwärtigen unterhält, es ist
ganz Deine liebevolle und herzliche Art. Sie zieht keinen
vor, sezt keinen zurück, und ist in Gesellschaft zu gut ihr
Herz zu zeigen. Mir sagte sie schon längst: ich habe nie=
mand in Berlin der mich interessire, und der Beifall eines
Mannes wie Sie ist mir werther als alles. Mit dem,
was mir die Herz neulich von ihrem vergangenen Leben
erzählte, hat es seine Richtigkeit, ich habe mir es umständ=
licher erzählen lassen. Sie hat zweimal unglücklich geliebt,
den Koreff, der sie gar nicht erhört und den Marialva, der
sie getäuscht — beide Wahlen ihrer unwürdig. Ich fragte
die Herz, ob wohl Mariane noch heirathen würde? Sie
meinte, ja, wenn sich eine Gelegenheit fände. Ich will
mir die Sache überlegen. Die Eine hat 20 000 Gulden,
die Andere so viel Thaler. Die Eine ist 1783 geboren.
die Andere mehrere Jahre später. Die Eine hat einen
Bei=Hans, einen Schaltgeliebten, die Andere würde nur
ihren Mann lieben. Aber Dein Bärbelchen ist so gut!
Gut? Hat sie Dich nicht einst vor ihrer Thüre jammern
lassen wie einen Pudel? Aber Du kennst sie schon zehen Jahre
und die Andere erst wenige Tage! Wie! Ich kennte sie?
Ich glaubte sie auch zu kennen als ein Hans kam, und
schneller als der Blitz den Baum ihr Herz traf! Aber sie
hat Deine Wechsel in Händen! Wechsel! O Gott! Geld
oder nicht Geld! Seyn oder nicht seyn! Fort von mir
höllische Gedanken! Ich bin Dein Bärbelchen, Dein auf
ewig. Du hast gesiegt ... Wie gefällt Dir dieser
Monolog, ist er nicht à la Hamlet? O Du schlaue! O

ich Dummkopf! — In einem hiesigen Blatte las ich gestern, unter der Aufschrift: Zur Berliner Conversation „Der geistreiche Doctor L. Börne aus Frankfurt am Mayn, früher Herausgeber der Wage, dessen kritische, scharfe Feder wirkungsreicher gewesen, als sein Name in Norddeutschland bekannt ist, befindet sich gegenwärtig hier, nachdem er auf einer größern Reise Weimar besucht hat. Er wird Berlin, das er seit zwanzig Jahren nicht gesehen, hoffentlich verändert finden.“ [57]) Wie glücklich muß einst meine Frau werden! Sie wird, sie weiß nicht wie, Frau geistreiche Doctorin. O Bärbelchen, hier müßtest Du mich sehen und hören, mit meiner Feyertags=Seele! Ich sage die artigsten Sachen und so allerliebsten kleinen Worte als sie nie von mir gehört worden sind in Frankfurt. Die Saaling sagte mir neulich, ihr Schwager Dr. Heise habe erklärt: ich sei der liebenswürdigste Mensch, der ihm seit Jahren vorgekommen. Und zu bedenken, daß Heise im Hause Mendelssohns gelebt, wo sich alle interessante Fremden versammeln. Heil der Gattin eines solchen Mannes! Die Herz und die Saaling haben schon oft mit mir davon gesprochen, wann wir uns heirathen würden, und wir sollen hier her ziehen, es wenigstens versuchen, und es würde Ihnen gewiß hier gefallen. Gestern habe ich vor der Herz mein ganzes Herz ausgegossen und mit Begeisterung gesprochen von Jeanette, wie sie ist, aber (damit Du nicht stolz wirst,) auch von Jeanette, wie sie seyn sollte. Da hat sie aufgehorcht! — Sonntag Mittag war ich bei einem jüdischen Bankier Lypke zu Tische. Ich athmete dort einige Mund voll Frankfurter Luft. Der Herr Bankier ist ein guter dicker Jude. Die Frau eine Lydie, die unaufhörlich von Theater und Literatur spricht. Ich ließ mich zwar nicht mit ihr ein, aber da waren einige Literarische Schmarotzer, die Rede standen und mich entsetzlich

langweilten. Die Schriftsteller hier werden sehr gefüttert.
Der Geist gedeiht nicht dabei, die ich noch von ihnen
kennen gelernt, behagten mir wenig. Sie geben alle ihre
Freiheit einer Parthei, einer Cotterie hin. Ich hätte große
Lust wie ein Wolf in diese Heerde Schaafe einzubrechen.
Das Theater ist hier Hauptgegenstand des Gesprächs. Der
König steht in diesem leidenschaftlichen Hange oben an.
Aber die Zirkel, in welchen ich mich bewege und die Sie
kennen, sind von dieser Schwäche frei, ich höre dort fast
gar nicht vom Theater sprechen. Sonntag Abend wurde
bei Mendelssohn eine Unterhaltung in den Gang ge=
bracht, die mich sehr angenehm überraschte. Nehmlich Auf=
gaben von Charaden in Handlungen. Jede Sylbe des zu
errathenden Worts, und endlich, wie bei Charaden üblich,
das ganze Wort, wird, statt gefragt, pantomimisch dar=
gestellt. Es gehört viel Scharfsinn dazu. Ich will Ihnen
durch Beispiele die Sache deutlich machen. Ein Theil der
Gesellschaft, etwa zehen gingen in ein Nebenzimmer, sich
dort zu costumiren. Da kamen sie nun zuerst als Chinesen
gekleidet heraus, sezten sich neben einander auf die Erde,
und wackelten mit den Köpfen wie die Gypserne Pegoden.
Das war die Sylbe j a. Zum zweitenmal erschien ein
Gott als Statüe auf einem Piedestal, eine Flöte am Munde.
Es wurde ihm geopfert, und um ihn getanzt. Das war
die Sylbe P a n. Endlich wurde ein Morgenländischer
Fürst vorgestellt, der Europäischen Gesandten Audienz gab.
Das war das ganze Wort J a p a n. Zweite Charade:
Wilde lagern sich um ein Feuer. Ein Europäer wird
herbeigeschleppt. Sie fallen freßbegierig über ihn her, ihn
zu verzehren. Einer reißt ihn immer dem andern aus der
Hand. Das ist die Sylbe G i e r. Ferner: Eine Dorf=
schule wird vorgestellt. Der Schulmeister sagt den Kindern a
vor, welches sie nachplärren. Das ist die zweite Sylbe a. Zur

dritten Sylbe wurde durch eine Fee ein verstecktes Mädchen
hervorgezaubert — Fee. Endlich das Ganze zu be=
zeichnen, trat ein aus mehreren Männern und Kindern,
zusammengesezter Giraffe ins Zimmer. Das Spiel ob
zwar viel Zeit dazu gehört wegen der Costümirung ist sehr
unterhaltend. Als man mir erzählte sie hätten neulich
das schwehre Wort Birmanen [57a]) aufgeführt (Bier und
Manen) machte ich mich ein wenig über die Frankfurter
lustig und sagte: das hätten wir dort nie errathen; ja,
noch mehr, wenn man uns auch dort gleich das ganze Wort
Birmanen genannt hätte, würden wir auch nicht errathen
haben, was es bedeute. „Aber mein Bärbelchen aus=
genommen" — sezte ich hinzu. Wer ist Bärbelchen? frug
ein Legationssekretär, der ein Gesicht hat, wie ein ver=
siegelter Brief ohne Adresse. Ich warf ihm einen wüthen=
den Blick zu, und sagte: Elender, Du kennst mein Bärbelchen
nicht? Du bist auch nicht werth sie zu kennen. Darauf
erwachte ich und schrieb meinen Brief weiter. — Jean
Pauls Wittwe [57b]) hat mich bitten lassen, sie zu besuchen.
Dieser Aufsatz über J. Paul hat mich sehr bekannt gemacht.
Bei Mendelssohn traf ich schon einige Male einen jungen
blinden Menschen, der seit seinem achten Jahre das Gesicht
verlohren. Er studirt. Wie heiter der ist! Er ist kein
Berliner, aber schon lange hier. Es ist rührend wenn er
erzählt, wie glücklich er in stiller Nacht wäre, wo er sich
die schönsten Menschen und Landschaften ausmahle. Ich
sezte mich zu ihm und dachte er kenne mich nicht. Aber
da fragte er ob ich je in Kassel gewesen? Ich sagte, nein,
ich würde aber bald hinkommen. Dort lebte eine Madame
Sieber, die liebenswürdigste Frau die er je kennen gelernt,
eine Anbeterin J. Pauls, die meine Denkrede entzückt.
Sie habe sie ihm weit weit hin damals auf der Post zu=
geschickt. Wenn ich sie besuchte, würde sie ganz glücklich

seyn. Schön, dachte ich, hätte ich also in Kassel auch schon einen Hans! Aber Heil der Gattin eines solchen Mannes. — Die Ihnen erzählte Geschichte von dem traurigen Tode des Mädchens, das ein herabfallender Hammer getödtet, ist für ängstlich vorsichtige Leute sehr belehrend, also auch für Sie. Sie beweißt daß ängstliche Vorsicht, statt zu helfen, oft gerade ins Verderben führt, weil das tückische Schicksal immer neue Wege erfindet. Das Mädchen ging mit ihrer Freundin in der Nähe des Hauses, das mit einem Gerüste versehen war, und einen Thorweg hatte, der in eine andere Straße führt. „Wir wollen nicht vor das Haus vorbei gehen, sagte das Mädchen, es könnte etwas herunterfallen; wir wollen lieber durch das Thor hinten herumgehen. Sie that es, und unter dem gewölbten Thore, traf sie der Hammer, der vom Dache fiel. Er fiel nehmlich zuerst auf das Gerüste und prallte dann so zurück, daß er ins Thor hinein kommen mußte. Wäre das Mädchen ohne Ängstlichkeit vor das Haus vorübergegangen, hätte sie der fallende Hammer nicht berührt. — Ich habe der Mariane Saaling die Geschichte von ihrer Nichte auf dem Götzischen Balle erzählt, vom Sitzenbleiben, von dem Spottgedichte. Sie wußte nichts davon oder stellte sich als wisse sie nichts davon; vielleicht um meinen Bericht, mit dem schon er= haltenen zu vergleichen. Bei dieser Gelegenheit sagte sie mir: die Mariane Herz habe Verstand, aber zu ihrem Un= glücke habe sie, sie Saaling, zum Muster genommen, und bei jeder blinden Nachahmung verliehre man. Die andere Schwester wäre ein sehr gutes Mädchen. — Es ist ein sehr angenehmer Scherz, ja es ist sehr witzig, daß Du meintest, wir wollten meine Berliner Reisekosten, auf einer Schweizer= reise zu ersparen suchen. Aber Dein Ernst wird es doch wohl nicht seyn? Weib, ich will Dich beschweizern! Ein= gesperrt wirst Du diesen Sommer, nicht ausgehen, ja

keine Schuhe und Strümpfe darfst Du anziehen, bis mein
Geld wieder herbeigehungert. Dagegen reise ich umher
und erzähle Dir alles was in der Welt vorgeht. Du kannst
indeſſen meine zerriſſenen Socken flicken, aber ja nicht zu
dick! — Ein Herr Emden, der hier wohnt, ein gebohrener
Frankfurter, hat mich beſucht. Mein Herz ſchlug ihm ent=
gegen. — Das Theater habe ich nicht weiter beſucht. Ich
kann nicht dazu kommen und es macht mir keine Freude.
Aber für die Schnapper wäre das eine Luſt! Alle Tage
drei Theater, die ſchönſten Ballete, faſt ſo ſchön als in
Paris. — Ich hörte dieſen Abend, die Schweſter der Son=
tag, die in Frankfurt bei Dr. Schmidt gewohnt . . Aber
ich Eſel, das haben Sie mir ja ſelbſt geſchrieben. Sie iſt
hier ſchon aufgetreten. Warum iſt ſie denn ſo ſchnell
fort? — Dem Oppenheimer[57c]) können Sie im Allgemeinen
ſagen, daß man hier einen Thaler brauche wie in Frank=
furt einen Gulden; doch das auf's Höchſte, denn das
billige Leben, lerne ein Fremder nie kennen. Ob ſein Her=
ziehen ſonſt räthlich, darüber muß ich mich mit Sachkun=
digen beſprechen. So viel hab ich ſchon gehört, daß nach
Verhältnis der Stadt es ſehr wenige Portraitmahler hier
gäbe. Die Regierung thut viel für die Kunſt, es werden
große Sammlungen angelegt, ein großes Muſeum iſt ge=
baut worden. Über die Preußiſche Regierung habe ich
meine Anſichten ſehr geändert. Sie iſt beſſer, als man bei
uns weiß, ja ſie iſt gut. Bei Gelegenheit mehr davon. —
Sie wären mir ein ſchöner Richter geworden! Kömmt
eine von Heidelberg hergelaufene Perſon, die kein gutes
Haar auf dem Kopfe hat und ſagt Ihnen Dr. Börne ſei
eitel, und ſogleich fällt Frau Criminalräthin Bärbelchen
das Urtheil: Börne iſt eitel. Aber die Beweiſe? Hat
man Ihnen Beweiſe gegeben, und haben Sie ſie gefordert?
Übrigens iſt es ſonderbar, daß wenn die Leute eine zu gute

Meinung von uns haben und sie dann aufgeben, daß sie es dann uns zum Verbrechen machen. Habe ich denn gesagt, daß ich nicht eitel wäre? Ich habe höchstens behauptet, daß ich mich von der Eitelkeit nicht q u ä l e n lasse, wie andere Leute; wenn mir aber die mühelose Befriedigung einer Eitelkeit Vergnügen gewährt, warum soll ich sie nicht genießen? Übrigens ahnde ich gar nicht, worauf sich das beziehen kann, und lassen Sie sichs doch erklären. — Heute habe ich in Begleitung der Herz und einiger ihr verwandten häslichen Damen die Gypsabgüsse der Antiken gesehen. Beim Weggehen frug ich die Herz, wie viel man dem Castellan Trinkgeld zu geben? Rathen Sie wie viel? Drei Gulden nach unserem Gelde. Ich hätte des Teufels werden mögen, und verwünschte die gypserne Medizerische (!) Venus und meine häslichen alten Weiberchen. Da gefiel mir die Herz wieder gar nicht. Das Kunstwerk ergreift sie und sie begreift es nicht. Auswendig gelernter Enthusiasmus, triviale Gallerie=Bemerkungen und unterthänigste Huldigung jeder legitimen Fratze, ohne eigenes Urtheil ob dem Bilde auch Huldigung gebühre. Unaufhörlich! wies sie den armen Castellan zurecht, natürlich ein Papagey, der hersagt, was er auswendig gelernt. Vieles war mir bekannt, ich hatte die Originale in Paris gesehen. Aber zum erstenmale sah ich die Gruppe der Niobe, ein Trauerspiel in Marmor, das mich in der tiefsten Seele erschütterte. Sie steht in Florenz und muß von ungeheurer Wirkung seyn. Ich begreife nur nicht, wie so viele Kunstwerkbeschauer in einer öffentlichen Gallerie von ihrer Begeisterung reden können. Es fiele mir eben so schwehr, einer marmornen Niobe, als einer lebenden vor allen Menschen meine Liebe zu erklären. Und weil ich nicht geschwazt, warf mir die Herz nachher vor, ich sei so kalt gewesen. Mein armes Herz weiß gar nicht mehr, was es mit dieser alten Lieb=

schaft machen soll. Manchmal bin ich ihr gut, manchmal
muß ich mich über sie lustig machen ... Ich habe sie so eben
verlassen, ich habe den Abend bei ihr zugebracht. Es waren
noch einige Herren da. So lange wir allein waren,
spielten wir Schach. Sie war weiß angezogen und hatte
einen weißen Turban um den Kopf. Während sie auf
das Brett sah, sah ich sie unbemerkt an. Ihr faltenreiches
Gesicht erschien mir als ein Vorhang, hinter dem sich ihre
einstige Schönheit versteckt hielt. Ich zog ihn weg, aber
es war nichts dahinter. Ich war so gerührt, daß ich mir
die Königin darüber nehmen ließ. O die grausame Zeit,
die alles zerreißt und zermalmt ehe sie es verschlingt!
Dann fing sie aber mit einem Kunstkenner ein Langes und
Breites von Gemählden zu sprechen und da machte ich mich
wieder über sie lustig. „Das Fleisch dieses Mahlers gefällt mir nicht . . sein Fleisch ist gut . . sein Fleisch ist
zu schwammig . .“ so ging es in einem fort; mir ward
ganz übel. Ich glaubte bei einem Mezger zu seyn. —
Die Damen hier werden Abends auf der Straße oft von
jungen Herren angeredet und zudringlich behandelt. Zu
einer alten Frau, einer Freundin der Herz, kam neulich ein
Herr auf der Straße und fragte: Kann ich das Vergnügen
haben, Sie nach Hause zu begleiten? — Warten Sie nur,
bis wir an eine Laterne kommen, erwiederte die Alte. —
Den jungen Herren geht es aber auf der Straße nicht
besser von Seiten der Damen. Was Dein kleiner Carl
aussteht, das glaubst Du gar nicht. Ich darf ohne Bedienten mich Abends nicht auf die Straße wagen. Kömmt
aber wieder einmal ein Mädchen und frägt mich, ob ich sie
nicht nach Hause begleiten wolle, werde ich ihr auch antworten: Warte nur mein Kind, bis wir an eine Laterne
kommen. Aber (im Ernste) welche schöne Dinge sind mir
schon gesagt worden, über die Lebhaftigkeit meiner Züge,

über meine schönen Augen! Und von Wem? In Frank=
furt haben die Leute keinen Geschmack. Nur Du hatteſt
den Geschmack mich zu wählen, und Heil Dir darum!
Dein guter, treuer, lieber, schöner, geiſtreicher

Carl.

   5. März erhalten Nr. 9.

---

8)   Berlin. Freitag d. 7. Merz 1828.

   Freitag ſteht oben, aber erſt heute Samſtag
konnte ich den Brief anfangen. Ach! was ſind die be=
rühmten Leute geplagt. Ich komme manchmal in Ver=
zweiflung. Habe ich ja einmal eine glückliche Stunde, wo
keine Unruhe mich ſtört, zerſtört die Zerſtörung von
Corinth, die bei mir wohnt, mir ſolch eine ſeltene glück=
liche Stunde. So heißt ein Trauerſpiel im Manuscript,
das ein junger Dichter meinem Urtheile unterworfen. Der
unheilbringende Jüngling iſt mir empfohlen worden und
ich darf ihn nicht abweiſen. Izt lauſcht er nun angſtvoll
auf jedes meiner Worte, ſchwebt zwiſchen Tod und Leben,
und jammert mich ſo ſehr, als ich mir ſelbſt jammere.
Welche Freude hatte ich vorgeſtern Abend! da ich um
7 Uhr als ich grade in den·Wagen ſteigen wollte, Deinen
Brief bekam, den ich erſt den andern Morgen erwartete.
Aber ich bin nicht zufrieden mit Deinen Briefen. Nicht
mehr als drei Seiten, und das Maas verfälſchſt Du wie
ein Jude. Ausgeſtrichene Worte, Gedankenſtriche, und alles
wird benuzt einen ehrlichen Chriſten zu verkürzen. Aber
nein, Deine Gedankenſtriche ſind ſchön, ich mußte darüber
lachen. Alſo beſtändig biſt Du? Du haſt Dich noch gar
nicht verändert? Und ich? O die Weiber! Sey nur ruhig.
Ihr taugt alle nichts. Eine iſt immer ſchlimmer als die
Andere, und das iſt Euer Glück. Wir werden enblich ſo

flug einzusehen, es sey am besten bei der stehen zu bleiben,
die wir gerade lieben, weil sie wenigstens besser seyn wird
als ihre Nachfolgerin. Du armes Bärbelchen, hat denn
Dein Schnupfen hoch steigen müffen als er in den Kopf
stieg? Der kleine Schnupfen wird wohl recht müde ge=
worden seyn. Wer war denn die bemantne Gesellschaft,
die gerade bei Dir war als mein Brief kam? Warum
nennst Du die Leute nicht? Es waren gewiß ungeschliffene
Diamanten. Und warum mußtest Du in das kalte Zimmer
gehen als mein Brief kam? Und warum läßt Du das
Schlafzimmer nicht heizen, wenn Du nicht wohl bist?
Sollen etwa durch diese Oekonomie meine Reisekosten er=
sezt werden? Ja wohl, gutes Bärbelchen. Ich weinte
dabei, als ich meinem Hausherrn das Lied vorsang, aber
vielleicht hat er es nicht gemerkt, es waren nur drei
Thränen in beiden Augen. Doch wenn ich im Vorbeigehen
in seinen Laden sehe, scheint es mir immer, als lachten
mich die Commis aus. Er heißt Logier. Sein Bruder,
auch hier, ist berühmt durch ein neues musikalisches
System[58]), das er aufgestellt. Von Heine las ich neulich
in einem hiesigen Blatte, er wäre sehr krank in München.
Doch ist die Nachricht sehr alt, er muß also wieder her=
gestellt seyn. Man erzählte mir hier, der König von
Baiern habe ihn eigentlich nach München berufen.[59])
Ohne ihm gerade eine bestimmte Stelle anzuweisen, habe
er versprochen für ihn zu sorgen. Der Hans hat viel
Glück bei Königen und Königinnen! Was heißt Dachles?*)
Das habe ich vergessen. Aber Dich und den geliebten
Milchkuchen werde ich nicht vergessen. Unsere Déjeuners, ja,
die waren himmlisch! aber wer wehrt es uns, sie wieder zu
haben? Es ist doch Zeit, daß wir darüber sprechen, wann
und wo wir wieder zusammenkommen, und wann und wo,

---

*) Vielleicht = tachliss = Endzweck.

Du Deinem ehemaligen Freunde es mit Thränen der
Reue abbitten wirst, daß Du ihn so genannt hast. Ich
muß doch vorher wissen, wie ich meine Reisezeit zwischen
hier, Hamburg und andern Orten zu vertheilen habe.
Wenn gedenkst Du von Frankfurt wegzugehen? Noch ein=
mal vorher nach Frankfurt zu kommen, wird doch für mich
durchaus nicht angehen, und Du würdest es mir auch nicht
rathen. Es wäre hinderlich für unsere Pläne. Also frisch
Deinen Kopf angestrengt und überlegt. — Humbold würde
ich wohl gern kennen lernen, aber ich habe Niemand, der
bei ihm einführt. Auch ist er viel bei Hofe und wenig zu
Hause. Es ist doch sonderbar, daß hier wirklich nur die
Juden oder getaufte Juden Häuser machen, und die
Christen fast gar nicht. Christliche reiche Kaufleute giebt
es hier wenige, und die übrigen Stände, die Staatsbeamten
und Solche haben kein Geld. Ich bemerke das deutlich an
einem Wiener vornehmen Herren, der bei der Oester=
reichischen Gesandtschaft attachirt vor vierzehn Tagen hier=
herkam und dem es an mannichfaltigen Empfehlungen nicht
mangeln kann. Wo und so oft ich irgend wo hinkomme
in dem Kreise meiner Bekannten, finde ich ihn auch —
Beweis, daß er anderswo nicht eingeladen wird. Bei Hegel
hat der Gans versprochen mich einzuführen, der Windbeutel
hat aber bis jezt nicht Wort gehalten. Es kann auch seyn,
daß dieser Herr nichts von mir wissen will, wegen meiner
Schrift gegen die kritische Gesellschaft, deren Director er
ist. Die Herren haben sich sehr über mich geärgert, da sie
fühlten, ja es gestanden, daß ich Eindruck mache. — Die
Berechnung über meine Wechsel habe ich endlich begriffen.
Ich konnte immer nicht ausmitteln, wo die Zinsen hin=
gekommen, und ich fragte mich: wo bleibt die Katz? Jezt
weiß ich, wo sie steckt. — Bitten Sie Samuel, das Polizei=
geld am 15. Merz von Schulz einkassiren zu lassen, und

ihm einen Gulden zu geben. Nächstens will ich Ihnen das
Verzeichnis meiner Schulden schicken, daß sie bezahlt werden
vom vorräthigen Gelde. Von meinen Diners und Soirees
will ich nicht weiter sprechen; ist etwas besonderes dabei
zu bemerken, dann thue ich es. Ich komme auch in Häuser,
an die ich keine Empfehlungen hatte, von hiesigen ein=
geführt. Was ich in Frankfurt vom hiesigen schlechten
Leben gehört, habe ich durchaus falsch gefunden. Der Luxus
hier beim Essen ist nicht so groß als wie bei uns, das
kömmt aber daher, weil sie in Frankfurt nur selten Feten geben,
hier aber jede Woche, und weil sie dort nur mit Essen
und Trinken bewirthen können, aber hier auch mit geistigen
Unterhaltungen. Das Essen und der Wein ist so gut, oft
besser als bei uns. Spargel und junge Erbsen, wie bei
uns im Sommer, alle mögliche Weine, ach! und welche
Austern! Viermal so groß als die Pariser. — Ich spiele
hier zuweilen Schach, mit der Herz, mit der Madame und
der Mamsell Mendelssohn. Diese leztere ist auch eine von
den Romanen=Charaktern, die ich mir in meinem Gedächt=
nisse zu skizziren suche. Etliche und funfzig Jahre alt, das
sieht man ihr an; aber gebildet und geistreich, und ich
habe keine Beweise dafür. Sie hat ein beredtes Schweigen.
Der lange Aufenthalt in Paris gab ihr eine merkwürdige
feine Haltung. Sie nimmt sich nicht einmal die Mühe
mehr im Stillen zu beobachten, sie kennt die Welt aus=
wendig. Ich spielte gestern Schach mit ihr und ließ sie
die Partie gewinnen, mit vieler Geschicklichkeit. Man hat
auch verstanden. Kein Lob über meinen Sonntags=Aufsatz,
der hier hundertmal mehr gefällt als in Frankfurt, war
mir schmeichelhafter als das der Demois. Mendelssohn.
Sie sprach von der „unnachahmlichen Feinheit" darin, und
ich dachte, das müßte eine Pariserin doch verstehen. Die
M. Saaling hat den Aufsatz in einer und der nehmlichen

Gesellschaft schon dreimal vorlesen hören. Über meine alte
gute Herz machen sich die Leute sehr lustig, weil sie sich
wie ein junges Mädchen kleidet, Hals und Brust offen
trägt, und lieber vom Teufel als von Alt seyn reden hört.
Sogar die gute Mariane spottet ihrer. Ich vertheidige sie
und im Ernste. Das Alter ist ein Uebel, denke ich, und
wenn man ein unvermeidliches Uebel, das man fühlen muß,
nicht auch s e h e n will, und die Augen zumacht, ist denn das
zu tabeln? Es wird keiner der Herz ins Gesicht sagen,
sie sei alt und wenn sie selbst es sich vergessen machen kann,
wem schadet das? Die Weiber sind alle so. Die M. Saa=
ling meint zwar, sie sei anders, sie habe schon längst an=
gefangen, sich alt zu kleiden (und das ist wahr!). Aber sie
kleidet sich nicht ihrem Alter gemäß, sie kleidet sich ä l t e r
als sie ist, und das ist ganz die nehmliche Eitelkeit. Sie weiß
recht gut, daß ihr die alte Haube gut steht, und daß es
schön klingt, wenn sie sagt: sie wäre ein hübsch' alt Mädchen.
Aber es ist doch mit so einer altgewordenen Geliebten, wie
die Herz, die man nach einem Vierteljahrhundert wieder
sieht, eine ganz komische und schurrige Sache! Neulich
schrieb sie mir: „Wenn Ihr Diner Ihnen noch etwas
Lebenskraft läßt, so kommen Sie zu mir, wir spielen Schach
und trinken Thee. H." Ich dachte: Ey, was braucht
man Lebenskraft zu Schach und Thee? Wenn sie nun zu
Dir spräche zwischen Schach und Thee: „Mein Freund,
Sie lieben mich schon 25 Jahre. Ihre Standhaftigkeit
rührt mich, Ihre Treue verdient Belohnung? —" ich kam
nicht. — Ich versprach Ihnen, die Billets zu schicken, die
ich hier bekommen würde, und Sie erinnerten mich an mein
Versprechen. Ich dachte anfänglich, man würde mir häufig
schreiben; es ist aber nicht geschehen. Ich sehe meine Be=
kannten zu oft als daß es nöthig wäre, und ich besitze blos
einige unbedeutende Zeilen von der Herz, der Varnhagen

und einigen Herren. Selbst geschrieben habe ich noch keine, als gestern zum erstenmale eines an die M. Saaling, das ich für Sie abgeschrieben und es Ihnen hier mittheile, ob ich zwar recht gut weiß, daß das gescheidte Bärbelchen mich ehrlichen Tölpel auslachen wird, der ihr alles so haarklein und offenherzig erzählt. Wir Männer sind gar zu edel! —

„Guten Morgen mein Fräulein. — Ein Brief hat es doch „recht gut in diesem Leben! Er darf kommen, so oft und so „früh er will, braucht nicht zu schellen, sich nicht anmelden zu „lassen und nicht zu fürchten, daß er abgewiesen werde. „Ich möchte wohl ein Brief seyn, bis zum grünen Vor= „hang, hinter ihm aber wieder lieber ein Mensch. Ich „schicke Ihnen dies Billett durch die kleine Post, um sie zu „versuchen, ob sie sicher sei, ob geschwind und wie lange „es währe, bis man eine Antwort erhält — wenn man eine „erhält. Ich muß dieses alle wissen, wegen meiner künftigen „Beschreibung von Berlin. Die gute Madame Mendels= „sohn hat mich auf Mittag einladen lassen. Nehmen Sie „Theil an meiner Freude, deren größter Theil Sie selbst „sind. Die Einladung kam noch spät gestern Abend, und „Ihrem armen Freunde war sehr bange den ganzen Tag, „sie möchte nicht kommen. Als ich Sie vorgestern Abend „verließ, schrieb ich noch viel nach Frankfurt von zwei „Schwestern, die mich der gute Gott, der mir immer „gnädig war, auf meinem Wege finden ließ. Von der Einen „schrieb ich: „Sie ist h o l d — und dieses Wort hätte ich „für sie erfunden, wäre es nicht schon da gewesen.“ Welche „von beiden Schwestern habe ich gemeint? Die oder der „es erräth, bekömmt drei Pfannkuchen von Schauß. — Ich „küsse Ihnen die Hand, mein theures Fräulein, mit der „herzlichsten Ergebenheit.“ — Wie gefällt Dir das? Kann man das Billet nicht gegen den Husten brauchen, ist es nicht wie gekochter Kandiszucker? Die Antwort werde ich

erſt heute bekommen und ich theile ſie Dir auch mit. —
Geſtern Abend führte mich Gans in einen ihm verwandten
Familienzirkel, wo zur Feyer des Geburtstags des 70jäh=
rigen Hausvaters eine große Fete war. Juden, und
jüdiſche Juden, das war komiſch. Sehr glänzend, und die
Weiber haben Lotto geſpielt, wie bei uns. Und Freitag
Abend, und geſtrickt und doch jüdiſch! — Vor einigen
Tagen ſtarb ein fünfjähriges Kind. Man legte es in den
offenen Sarg um es den andern Tag zu begraben. Nachts
kam es zu ſeiner Mutter ans Bett, und ſagte: Mutter,
nimm mich zu Dir, es friert mich. — Vorgeſtern da
Glatteis war, fielen ein Mann und eine Frau, Eheleute,
auf der Straße und brachen beide jeder ein Bein, er das
rechte, ſie das linke. Iſt das nicht romantiſche Treue? —
Im Waſſer wurde eine maskirte Dame, mit auf dem Rücken
gebundenen Händen gefunden. Sie wurde alſo hienein=
geworfen. — Der König hat gegen eine Belohnung von
5000 Thaler einen Mann hierherberufen, der ein Mittel
erfunden hat, vom Stammeln zu befreien.[60]) Jeder
Geheilte zahlt eine gewiſſe Summe und muß ſchwören das
Mittel keinem mitzutheilen. Es iſt wunderbar, was der
menſchliche Geiſt nicht alle erfindet! Es iſt keine Medizin,
keine Operation, keine Übung. Der Mann giebt nur dem
Stammelnden eine gewiſſe Regel, und darauf können ſie
ſprechen. Ein verheirateter Sohn Mendelsſohns, ein
großer Stammler, wurde auch auf die Art geheilt. Er
ſagt: es wäre ganz unbegreiflich, wie nicht jeder von ſelbſt
auf das ſo einfache Mittel fiele. — Ein neues Luſtſpiel:
der Kammerdiener[61]) macht ſeit einigen Tagen viel
Aufſehen. Der Haupt=Charakter iſt eine getaufte Jüdin, die
ihre Abſtammung vergeſſen machen will, von Juden nichts
hören kann, und nur chriſtlichen Umgang ſucht. Sie ver=
liebt ſich in einen gebildeten Chriſten, der ihre Bekanntſchaft

sucht und macht, und der feine Herr ist ein verkleideter
Kammerdiener. Das ist eine Geschichte wie in den pré-
cieuses ridicules von Deinem neuen Hans.[62]) Es sollen
gewisse jüdische Damen, die man nennt, im Stücke por-
traitirt seyn. — Gewiß habe ich den Hitzig[63]) besucht, aber
nicht gefunden. Er war auch bei mir und traf mich nicht.
Wir haben uns aber außer dem Hause gesprochen. —
Nennen Sie mir doch den Advokat von Reinganums Ge-
schwistern? — Sie kennen doch die Händel-Schütz[64]) dem
Namen nach? Schauderhafte Dinge hat man mir von ihr
erzählt. Sie soll eine wahre Medea seyn. Nach ihrem
ersten Manne heirathete sie, als sie auf der hiesigen Bühne
war, den Dr. Meyer, einen Arzt. Sie bekam vier Kinder
von ihm. Der Meyer ward ihrer überdrüssig, ließ sich von
ihr scheiden und heirathete eine Andere. Da schwor sie
ihm ewige Rache. Sie wolle die Furie seyn, die ihn und
Alle die ihm gehörten, verfolgte, bis sie von der Erde ver-
tilgt wären. Als des Dr. Meyers zweite Frau im
ersten Wochenbette lag, trat die Händel mit gezücktem
Dolche vor sie hin, und blieb in der schrecklichsten Gestalt,
die sie von der tragischen Kunst gelernt, toddrohend vor
ihr stehen. Darüber entsetzte sich die Wöchnerin, so daß
sie immer kränkelte und endlich, nachdem sie noch einige
Kinder gebohren, starb. Auch alle Kinder starben. Die
Händel nahm zwei ihrer eigenen Kinder mit nach Halle,
und die Kinder starben bald. Zwei Söhne behielt aber
Dr. Meyer bei sich. Als der Eine erwachsen war, ging er
nach Halle auf die Universität. Bald darauf erhielt der
Vater die Nachricht, er habe sich erschossen. Der zweite
Sohn studirte auch und wie durch einen Fluch des Schick-
sals getrieben, ließ er sich von seinem Vater nicht abhalten,
nach Halle zu gehen, wo seine Mutter wohnte. Nach einem
Jahre kehrte er nach Berlin mit unbesiegbarer Schwermuth

zurück. Vergebens drang lange der Vater in ihn, zu sagen
woran er leide. Endlich gestand er dem Vater, er könne
seine Güte nicht länger ertragen, er verdiene sie nicht, er
sei nicht sein Vater. Die Mutter in Halle habe ihm ge=
sagt, daß sie alle von einem andern Vater wären. Meyer
suchte ihn zu beruhigen, indem er ganz fest überzeugt, die
Kinder der Händel seien von ihm. Der Sohn ließ sich
aber nicht enttäuschen, blieb schwehrmüthig und erschoß sich
endlich. Als die Händel Nachricht von dessen Tode bekam,
schrieb sie dem Meyer: jezt sei ihre Rache voll. Sie habe
die beiden Söhne, sie in Verzweiflung zu stürzen, glauben
gemacht, sie hätten einen anderen Vater; ihm aber, seinen
Schmerz zu vergrößern, wolle sie in Wahrheit sagen, daß
er wirklich der Vater von ihren Kindern gewesen. Seine
fernere Bestrafung überließe sie dem Himmel. Der Dr. Meyer,
sonst der schönste und blühendste Mann, kränkelt jezt elend
dem Tode zu. — Abieu, Bärbelchen. Fühlst Du nun,
wie es einem zu Muthe ist, wenn die lezte Seite des
Briefes leer bleibt? Bessere Dich.

Dein Charles.

Nr. 10 erhalten Samstag d. 8. Merz.

———

9) Berlin Montag d. 10. Merz 1828.

Deine lezten Briefe, gute Seele, sind so gar lieb, daß
ich Dir untreu geworden bin und über das Bärbelchen von
jezt, das Bärbelchen von sonst vergessen habe. Die Uebel
die Du hattest, haben mich nicht betrübt, Deine schnelle
Genesung hat mich nicht lächeln gemacht, weder über das
eine noch über das Andre erstaunte ich — ich fand das
Alle so natürlich. Die Menschen haben immer auf gleiche
Weise geliebt und gehaßt und nur in gleichgültigen Dingen
haben sie sich unterschieden. Es war mir klar bewußt,

mein vieles und mein warmes Reden von der M. S.
würde Dich unruhig machen, aber ich dachte: es ist nicht
zu vermeiden und es wird vorübergehen. Einem Schlimmeren
als ich bin hätte ein böser Dämon zugeflüstert: Wie!
nicht zu vermeiden wäre es gewesen? Hättest Du nicht
schweigen können? — mir wagte er nicht so etwas zu
sagen. Doch hast Du freilich meine Bekenntnisse etwas
mehr misdeutet als zu entschuldigen ist. Du hast ver=
gessen, worüber ich mit Dir so oft gesprochen, daß ich seit
einiger Zeit eine große Leidenschaft zur Menschenjagd ge=
wonnen habe, daß ich begierig nach ihnen suche wie nach
Gemählden, nach Bildwerken. Mein Geist und mein Herz
haben vierzig Jahre Gedanken und Empfindungen ge=
sammelt, aber das sind Landschaften, unbelebt, die Figuren
mangeln und ich muß diese auch hieneinzubringen suchen,
wozu mir meine Reise Gelegenheit geben wird und wozu
ich diese auch eigentlich unternommen. Nun tritt mir in
der M. S. ein so höchst künstlerischer Stoff, ein so merk=
würdig ausgesprochener Charakter entgegen. Ich sammele
ihre Züge und wie könnte ich sie, zur einstigen Gestaltung
anders befestigen, als indem ich Dir von ihr schreibe. Es
ist Liebe zur Kunst, Bärbelchen, nichts als Liebe zur Kunst.
Was sie überdies für mich so anziehend macht, sind ihre
Tugenden, die sie mit Dir, und ihre Fehler, die sie mit mir
gemein hat. Nie ist mir ein so unverschlossenes Frauen=
zimmer, ja kaum ein Mann solcher Offenheit vorgekommen.
Was sie nicht sagt, blickt sie, was sie nicht blickt, seufzt sie,
und was sie weder sagt, noch blickt, noch säufzt, das ist
gewiß nicht in ihr. Ich glaube, sie könnte eine Liebe, die
sie hegte, nicht eine Stunde verschweigen. Sie hat gewiß
viele Feinde unter den Weibern, denn da diese alle die
nehmlichen Geheimnisse haben, so verräth jede Unbesonnene,
die ihre eigenen Geheimnisse bekennt, zugleich die ihrer

Schwestern. Die M. S. theilt jeden Eindruck, den sie empfangen, augenblicklich mit. Sie macht sich, wenn sie aus einer Gesellschaft kömmt, über alle Personen lustig die ihr misfallen, und da sie Witz hat muß sie sehr beleidigen, wenn ihre Äußerungen bekannt werden, wie dieses un= vermeidlich ist. Ihre Schwester Julie ist eben so. Ich habe bei diesem und jenem angeklopft um zu hören was man von ihnen hält. Ich habe sie noch nicht loben hören. Wenn es geschah, vielleicht aus Rücksicht für mich, weil ich mein Wohlgefallen an ihnen aussprach, geschah es doch mit Einschränkung, mit Achselzucken — „man müsse sich über manches hinaussetzen,“ hieß es. Aber gestern hörte ich zum erstenmal ohne Rückhalt und leidenschaftlich gegen die M. S. eifern, und zwar von Robert und seiner Frau. Nun steht zwar dieses Paar in keinem großen Ansehen bei mir, indessen möchten doch die Thatsachen, die gegen die S. vorgekommen alle wahr seyn, nur daß Gutgesinnte wie ich, sie milder auslegen möchten. Ich will so viel wie möglich, mit Roberts und seiner Frau eigenen Worten er= zählen, was ich gehört. „Die Heyse, nun, die lasse ich hingehen; aber mit der Mariane bleiben Sie mir nur weg. Das ist eine ewige Lüge, sie hat immer sich und andere belogen. Ich kenne sie von ihrem 9ten Jahre an. Sie ist immer eine Närrin gewesen. Bald hatte sie eine Taffe, (!) bald etwas Anderes in das sie verliebt gewesen. Sie ist eine Anempfindlerin. Von Marialva hatte sie geglaubt, er würde sie heirathen, ein dummer fader Mensch, der in Wien zwanzig Freudenmädchen die Ehe versprochen. Sie wurde katholisch. Jezt redet sie sich ein, sie wäre katho= lisch. Sie ist eine Proselitenmacherin, zieht junge Leute an, die sie bekehrt, wenigstens für den Katholizismus empfänglich macht. Neulich bei Mendelssohn hat sie kein Fleisch gegessen, weil Fasttag war. Mit der (Mademoiselle)

Mendelssohn hält sie Conventikel, und dieser nehme ich's noch mehr übel, als der Saling. Die Saling hat keinen Verstand, aber die Mendelssohn hat einen tiefsinnigen philosophischen Geist. Und sie ist doch auch nur katholisch geworden, weil sie sonst Sebastiani nicht ins Haus genommen hätte . . . Sie spricht immer von ihrem Wohlthun, von ihren Krankenbesuchen. So was muß man geheim halten. Es ist gerade, als wollte man auf der Straße laut ausrufen: ich bin verliebt, bin verliebt! Frau Robert: Haben Sie neulich gehört, wie Sie vom räudigen Schaaf gesprochen? O ich hätte ihr mögen . . . (dabei machte sie eine Bewegung mit dem Arme, die ausdrückte: ich hätte ihr mögen ins Gesicht schlagen.) Ich wollte ihr sagen: so werden die Juden auch gesprochen haben, als Sie katholisch geworden sind — aber mein Mann hat mich zurückgehalten." . . . So weit Roberts. Das räudige Schaaf habe ich selbst mit angehört. Ich sprach nehmlich vom katholischen Pfarrer Fell [65]) in Frankfurt, der protestantisch geworden und fragte, ob sie sein Büchelchen gelesen? Sie antwortete: Nein. Ich muß gestehen, daß ich den Fell immer als einen ordentlichen Mann gekannt; aber — sie zuckte die Achseln, — was liegt an einem räudigen Schaafe? — Auch mit der Proselytenmacherei mag es seine Richtigkeit haben. Als ich einmal mit der Julie von der Demois. Mendelssohn sprach, und diese mir sagte sie sei eine Proselytenmacherin, sezte sie hinzu: Aber ich bitte Sie, sagen Sie das meiner Schwester nicht wieder. Zu dieser Anklage mußte ich noch hinzusetzen, daß die M. S. gern gefällt, daß sie, mit welchem Manne sie sich auch unterhalte, ihr Lächeln so bezaubernd als möglich zu machen sucht, was gewiß sehr unrecht ist. Sie sollte es mit mir nur allein so machen. Übrigens kunstliebe ich sie doch, troß ihrer Fehler; Dich aber mein

Bärbelchen naturliebe ich mit ganzer Seele. Darum
werde nicht eifersüchtig, wenn ich oft von ihr spreche und
bedenke, daß es sehr verschieden ist, ob man etwas auf
oder in dem Herzen habe, von dem man sich durch Mit=
theilung frei zu machen sucht. Du bist viel edler als jene.
Du weißt kaum etwas von Deinen herrlichen Eigenschaften,
jene aber kennt die ihren und stellt sie hervor. — Jean
Paul's Wittwe habe ich besucht. Als sie gleich bei meinem
Eintreten, mit mir von meiner herrlichen Rede auf Jean
Paul, von meiner „Anhänglichkeit für den Geist" ihres
Mannes zu reden anfing, glaubte ich, ihre Stimme wäre
gerührt und ihre Augen schwämmen in Thränen. Bald
aber gewahrte ich, daß ihre Stimme schwanke von zu
schnellem Laufen, und daß ihre glühende Kohlenaugen
immer naß sind. Eine solche Plapplies ist mir noch nicht
vorgekommen. Als ich die hundert Millionen Worte be=
rechnete, die diese Schwätzerin während einer 30jährigen
Ehe ihrem Manne vorgeplaudert hat, kam mir Jean Pauls
Tod gar nicht so unglücklich vor. Sie spricht lauter un=
nützes Zeug, verbrauchte Sentenzen aus dem vorigen Jahr=
hunderte und aus dem Titan. Aber sie spricht von den
60 Bänden ihres Mannes herab, die ihr zum Piedestal
dienen, mit großer Zuversicht. Sie hat eine aufgeworfene
Nase und mag in ihrer Jugend eine muntere neckische
Brünette gewesen seyn. Mich ließ sie während einer halben
Stunde gar nicht zu Worte kommen; keine Zehen Worte
gönnte sie mir. Ich war recht froh, als ich die Schwätzerin
hinter mir hatte. — Es hat mir jemand anvertraut, die
hiesige Regierung wolle eine offizielle Theaterzeitung
stiften, um dem irre geführten Geschmacke des Publikums
eine bessere Richtung zu geben, und man denke an mich
als Redacteur. Ich habe den Jemand ausgelacht, und ge=
sagt, ich sei gar nicht der Mann zu so etwas und er möge

das nur in meinem Namen erklären. Ist das nicht
närrisch — eine ministerielle Theaterkritik? Ein Auftrag
an Dr. Reis. Der Professor Casper[67]) hier, ließe den
Dr. Mappes[68]) in Frankfurt bringend bitten, ihm doch
die fortgesetzte Anzeige des Sieboldschen Journals,
so bald als möglich zu schicken. Wenn er aber nicht
könne oder möge, es ihm doch gleich wissen lassen, damit
er diese Arbeit einem andern übertrage. Bitte, diesen
Auftrag ja gleich zu besorgen. — Nach Frankfurt möchte ich
nicht gern kommen. Ich mahle mir das so schön aus,
wenn wir uns in der schönsten Frühlingszeit am Rheine
wieder sähen, und den Rhein zum Aufenthalte zu wählen,
würde doch wegen Ems das schönste seyn. Und Sie
gingen voraus und richteten alles ein und empfingen Ihren
ehemaligen Sklaven und zukünftigen Gebieter. Godesberg
wäre am besten. Aber mit wem sollen Sie reisen?
Müssen Sie ein Frauenzimmer mitnehmen? Mit meiner
Reise nach Hamburg muß ich auf jeden Fall warten, bis
die Jahreszeit gelinder wird. Denn Hamburger haben
mir gesagt, es bleibe dort lange kalt. Spätestens werde
ich den 15. April von hier abreisen. Dann rechne ich
4 Wochen für Hamburg, Braunschweig, Hannover, Göt=
tingen, Kassel. Über Gießen, Wetzlar und Ems (wo ich
mir einstweilen Logis bestelle) an den Rhein.*) — — —
— — — — Am 15. Mai wäre ich bei Dir. Empfeh=
lungen nach Hamburg werde ich vollauf bekommen. Von
Koppenhagen stehe ich ab, weil man mir sagte, daß vor
dem Juni diese Seereise nicht angenehm wäre. Ich werde
in Curhaven, 15 Meilen von Hamburg, die See erblicken.
Wenn mir Zeit übrig bleibt, gehe ich auch nach Lübeck
und Bremen. Die Wege von hier nach Hamburg sind

*) Hier ist im Original eine Stelle unleserlich gemacht.

uninteressant und schlecht. Keine Chaussee. Ich weiß noch
nicht, wie ich hinkomme. Wahrscheinlich mit dem Post=
wagen und Nachts liegen bleiben. — Diesen einliegenden
Brief an Dr. Stiebel habe ich offen gelassen, weil Sie doch
die Neugierde geplagt hätte, ihn zu lesen. Versiegeln Sie
ihn, und wenn die Oblate trocken geworden, besorgen Sie
ihn in Stiebels Haus. Sollte er Ihnen die Antwort
nicht gleich den andern Tag schicken, lassen Sie ihn doch
durch Ochs daran erinnern. Es wäre doch schön, wenn
ich mit geheilten Ohren zurückkehrte. — Die Thüre an
meinem Schlafzimmer hat ein Held der Dir gleicht,
machen lassen. Zwei Schlösser und drei Riegeln, so daß
die Thüre nach auffen einmal und nach innen fünf Mal ver=
schlossen werden kann. Außerdem ist inwendig eine Art
Glockenspiel angebracht, das ertönt, sobald jemand die
Thüre öffnet. Eine für mich sehr wohlthätige Einrichtung;
denn da man durch das Schlafzimmer geht, um in meine
Wohnstube zu kommen, so würde ich ohne den Glocken=
klang nicht hören, wenn jemand kömmt und es würde mir
leicht etwas gestohlen werden. Man hat sich hier sehr vor
Dieben zu hüten, und die Leute verwahren sich auf eine
auffallende Weise. In angesehenen Häusern klingelt man
dem Bedienten, und dann öffnet er mit einem Schlüssel
das Zimmer worin die Herrschaft ist, so daß diese immer
eingeschlossen bleibt, und nur von innen aufmachen kann.
Nun denke Dir, wie süß mir der liebe Glockenklang tönt,
wenn er mir den Briefträger meldet, dessen Viertelstunde
ich fast berechnen kann. So gut verwahrt ist mir noch
nichts gestohlen worden, als . . . errathe was? Es ist
eine Million werth. Doch hoffe ich, es bei Dir wieder
zu finden. — Gestern war ich bei einem Buchhändler
Schlesinger [69]) eingeladen, dem Vater desjenigen, der in
Paris eine Musikhandlung hat. Ein einaugiger, ekelhafter

Kerl und ich schlug die Einladung ab. Nun hörte ich heute Hegel, Spontini und andere interessante Leute hätten da gegessen. Da that es mir Leid. Ich werde keine Ein= ladung mehr abweisen; die Menschen der verschiedensten Art sind hier so vermischt, daß man sie oft an Orten findet, wo man sie nicht erwartet. Ich werde diese Woche irgendwo bei Tische den Fouqué finden, der mich höchlich interessirt. — Hier besteht eine Sonntagsgesellschaft [70]) von Gelehrten, die sich „der Sonntagsgesellschaft" nennt und druckt, um merklich zu machen, daß sie am Sonntage, nicht aber der Sängerin Sontag wegen zusammenkomme, welches man vielleicht glauben könnte, wenn sie sich sprachrichtig die Sonntagsgesellschaft nennte. Welche Pedanterie! — Bitten Sie den Reinganum, er möchte sich doch einmal auf dem Stadtgericht vertraulich erkundigen, was sie wegen meines Prozesses beschlossen. — Die Julie Saling hat sich in aller Schnelligkeit meine Wage, Zeitschwingen, die sie in Frankfurt zurückgelassen, verschrieben. Mütterchen, conservire Dich so gut, wie meine alte Wage. Der wird hier noch die Cour gemacht, als wäre sie ein junges Mädchen. Die alte Schachtel hat Glück. Ich war' unterdessen bei Hitzig gewesen. Er sprach mit mir von der Sammlung meiner Schriften, aber auf Subscribentensammeln kam er nicht zurück und ich fand es nicht passend davon zu sprechen. Die Werke hier drucken zu lassen, davon räth mir hier jeder selbst ab, wegen der Zensur. Ich habe also jezt nur noch in Hamburg zu versuchen, ob mir ein Buchhändler mehr als Cotta dafür bietet. — Wie traurig ist es doch, wenn Leute von Stande, und anscheinend behaglicher Lage, im Stillen Mangel leiden, und Unterstützung so wenig fordern dürfen, als man sie ihnen schicklicher Weise an= bieten darf. In dieser Lage befindet sich die Staatsräthin Uhden, eine wackere Frau, von der ich Ihnen schon geschrieben habe. Ihr Mann hat ein Paar tausend Thaler Gehalt, aber das reicht nicht aus, und sie müssen sich so einschränken, daß sie keinem ein Glas Wasser anbieten können. Was sie nehmlich in so große Verlegenheit sezt sind die großen Ausgaben, welche ihr die schon Jahre lang dauernde Krankheit einer Tochter verursachen. Ein elendes ver= wachsenes Geschöpf, das immerfort Krämpfe hat, und wenn die Krämpfe periodisch aufhören, tritt der schrecklichste Wahnsinn ein, der dann wieder den Krämpfen Platz macht. So wechseln diese beiden Übel mit einander. Die Uhden hat dieses Mädchen, obzwar nur ihre Stieftochter, leiden= schaftlich lieb. Wie traurig ist es nun zu hören, wenn die Uhden ihren vertrauten Freunden klagt, wie viele Kosten ihr dieses Mädchen, das nicht zu heilen ist und nicht sterben kann, oft in einer Nacht verursacht! So viel für einen Wagen den Arzt zu holen, so viel für Blutigel, so= viel für ein Bad. Oft zehen Thaler in einer Nacht. Da haben es doch wahrlich entschieden arme Leute die sich im Spital behandeln lassen, weit besser. — Haben Sie nicht gehört, ob meine Mutter bald wieder nach Frankfurt kömt? — Was macht Pfarrer Kirchner?[70a] — Hier sagt jedermann Lieber, besonders die Damen. Ich heiße **lieber Börne, lieber Doctor Börne**, und wenn man sich trifft giebt man sich die Hand. Das Handküssen ist seit 20 Jahren sehr aus der Mode gekommen. Sie vergessen doch nicht vom lieben Börne alles zu grüßen? — Fragen Sie doch auch den Dr. Reis um seine Meinung wegen der Russischen Bäder.[71]. — Dienstag d. 11. Merz. Erhalten Nr. 11.

So lang, so lang, hab' i mei Schatz nit gesehe!

10)   Berlin, Donnerſtg d. 13. Merz 1828.

Was habe ich Dir getan Jeanette, daß Du mir heute nicht geſchrieben? Der ſüße Klang meiner Thürglocke brachte mir keinen Brief. Ich habe einen Feſttag ver= lohren. Der Puls meines Lebens ging bis jezt ſo regel= mäßig, was hat ihn in Unordnung gebracht? Ich glaube, meine Sünden ſind Schuld daran. Ach, liebe Mutter, ich habe mich ſchlecht aufgeführt, ich wage es Dir kaum zu geſtehen. Erſtens, habe ich mir geſtern mit der Pfeife ein großes Loch in den Schlafrock gebrannt, aber ein ganz großes grade in der Vorbüre, durch und durch, man kann eine Hand durchſtecken. Zweitens — kannſt Du mir ver= geben? Ich habe mir 6 Halstücher ſtehlen laſſen. Das hat kein anderer gethan als mein Spitzbube von Be= dienten, dem ich unbewacht, den Schlüſſel zu meiner Commode anvertraute, die im Nebenzimmer ſteht. Ich will von nun an vorſichtiger ſeyn. Aber mir darum nicht zu ſchreiben, die Strafe iſt zu grauſam! — Ich hatte mir in mein Taſchenbuch, den Geburtstag der Marie Kramm, [72]) den 13. Merz notirt, ich wollte ihr an dem Tage eine Aufmerkſamkeit bezeugen, aber mein Portrait hat das ſchon abgemacht. Nun fand ich heute in einem hieſigen Blatte, [73]) ein Gedichtchen an eine Louiſe, an ihrem Geburstage d. 13. Merz. Da es auch für eine Marie paßt, habe ich es ausgeſchrieben und hier beigelegt. Geben Sie es ihr und ſagen Sie, ich hätte das Gedicht für ſie gemacht. — Heute habe ich des Bildhauers Rauch Monument für die Königin Louiſe [74]) geſehen, wohin ſeit einigen Wochen ganz Berlin ſtrömt. Rauch hat zehen Jahre ganz im Geheim daran gearbeitet. Als er es kürzlich fertig hatte, ließ er den König kommen und zeigte es ihm. Dieſer war ſo bewegt, daß er ohne dem Künſtler ein Wort zu ſagen, wieder fort ging. Man bewundert dieſes Bildwerk. Der Kopf der

Königin soll sehr ähnlich seyn, und diese Königin wird als
eine Heilige verehrt, weil sie gestorben an den Leiden ihrer
Zeit, für eine bessere also. Aber mir mißfiel es sehr. Die
Königin liegt auf einem Ruhebette ausgestreckt. Schläft
sie, oder ist sie todt? man weiß es nicht, und dieser Zweifel
in dem wunderschönen Kopfe ist vortrefflich ausgedrückt.
Aber die Lage des übrigen Theils des Körpers ist nicht
gut. Die Beine so unedel über einander gelegt, die
Drapperie so kokett, so Ballettänzerartig, und das Ganze
überhaupt so weich wie Butter. Am meisten amüsierte
mich das Geschnatter der umstehenden Zuschauerinnen, be=
sonders der Alten, die gleichzeitig mit der Königin Louise
jung gewesen. — Ich komme aus einem Conzerte,[75]) das
eine Sängerin im Saale des Schauspielhauses gegeben.
Der Saal ist zauberisch schön. Eine höchst sinnige Ver=
einigung von Pracht und Zierlichkeit und von Reichthum
und Geschmack. Weißer Marmor und Gold und Grün
und Rot und Säulen und die Gallerie, Nebenzimmer, in
Nischen die Büsten aller dramatischen Dichter und Ton=
künstler und Schauspieler die sich berühmt gemacht, es ist
alles wundervoll, und ich habe noch auf keinem Theater
einen gemahlten, einen Dekorations = Saal gesehen, der so
mahlerisch gewesen als dieser wirkliche ist. Er mußte auch mich
entschädigen für das langweilige Conzert, wohin mich Mad.
Mendelssohn geführt hatte. Da hätten Sie auf drei neben
einander stehenden Stühlen drei große Männer ihrer Zeit
sehen können: den Komponist Meyer Beer, Spontini, und
den deutschen Fielding, den berühmten Dr. Börne, dem
heute außer 6 Halstücher, auch noch ein paar schwarze
Beinkleider und eine Weste gestohlen worden ... das Ge=
heimnis ist heraus, die Brust ist frei. O zürne nicht,
himmlisches Herz, ich will es nicht mehr thun, nie mehr. —
Lindenau wird Sonntag Abend von hier abreisen und

Mittwoch Abend in Frankfurt seyn. Ich werde ihm keinen
Brief mitgeben, aber die versprochenen Sonette Deines
Hans an Mad. Robert. Nicht wahr, ich habe Dir Deinen
Hans versalzen? — Freitag d. 14. Merz. — Ach der
schöne dicke Brief! Du wirst aber schlecht dafür belohnt
werden. Mein heutiger wird kurz werden. Ich war gestern
so verstimmt, daß ich keine Lust hatte zum Schreiben, und
heute habe ich keine Zeit. O du stolze Patriotin! frage
Deine Mutter, frage Dich selbst was Birmanen ist. Und
wenn Du's weißt, woher weißt Du es? Von mir. Du
hast Füße unterm Tische der Gelehrsamkeit. — Warum
hast Du denn das Dampfschiff nicht auch von innen ge=
sehen? Hättest Du denn jetzt Mut Dich hinein zu setzen?
Ich las heute in der Berliner Zeitung: Das Frankfurter
Dampfschiff sei inwendig nicht so elegant als die Andern. —
Sei nicht bös Bärbelchen, daß dieser Brief so kurz. Der
nächste soll um so größer werden.

Empfangen Nr. 12.

Dein Charles.

---

11)   Berlin Sonntag d. 16. Merz 1828.

Ich mag doch den Lindenau nicht ziehen lassen, ohne
ihm einige Zeilen mitzugeben. Ich thue es ungern, darin
bin ich ängstlich, der Post traue ich mehr. Tausend und
tausend Grüße. Für die Kürze des lezten Briefes gebe
ich Entschädigung. Ich lege die Sonette des Heine an
Robert bei. Welch' ein Hans! Lassen Sie sich von
Lindenau erzählen was er von mir weiß, er weiß aber nicht
viel. Sollte er diesen Vormittag noch zu mir kommen,
zeige ich ihm das große neue merkwürdige Loch in meinem
Schlafrock, damit er Ihnen eine Beschreibung davon mache.
Adieu.   B.

---

12) Berlin. Montag d. 17. Merz 1828.

Was haft Du mir für einen vernünftigen Brief ge=
fchrieben! Voll Sie's und Verdrüslichkeiten. Er ift
zum Einfchläfern vernünftig. Und ich war durch die Er=
wähnung des Reinganums Prozeß grade in die rechte
Stimmung gegen die — — —*) gekommen.**) — — —
— — — — — Wenn ich Dich zum Nachdenken auf=
gefordert, fo meinte ich gar nicht unfere Sache, die ich
für ausgemacht anfah, fondern nur den Ort unferes vor=
läufigen Zufammenkommens, wo wir die Ausführung des
Plans befprechen wollten. Hätte ich das Berathen des
Zimmern⁷⁶) für zweckmäßig gefunden, hätte ich ihn bei
meiner Herreife fchon befucht, wo ich nahe an feinem
Orte vorbeikam. Von Hamburg aus liegt es ganz ab,
und es wäre eine eigene große Reife dahin. Reinganum
hat es, ich weiß nicht ob mir, oder Ihnen felbft fchon
gefagt, daß Zimmern in der Sache nichts thun kann; denn
wollte man es ja durchfetzen, daß Chriften und Juden fich
heirathen, müffe man im Weimarfchen Bürger werden.
Zimmern kann höchftens nützen, um für unfere Perfönlichkeit
zu haften, wenn wir etwa andere, fonft zum Heirathen
erforderliche Förmlichkeiten nicht erfüllen könnten. Das
können wir aber an jedem andern Orte auch erreichen, wo
wir Bekannte haben. Die Herz ift fehr dagegen, daß Du
eine Jüdin bleiben follest. Sie fagt, das wäre ein ge=
zwungenes Verhältnis, das gar nicht nütze; wenn Sie
Ihrer Mutter das Heiraten verheimlichten, könnten Sie
das Taufen auch verfchweigen. Die einzige Schwierigkeit
finde ich nur darin, daß wir die verfchiedenen Be=
fcheinigungen umgehen, die man gewöhnlich von feiner

---

*) Hier find zwei Worte unleferlich gemacht.
**) Hier find fünf Zeilen im Original unleferlich gemacht.

eigenen Regierung beibringen muß, wenn man im Aus=
lande heirathet. Und diese zu umgehen ist uns noth=
wendig, weil sonst in Frankfurt die Sache nicht ver=
schwiegen bliebe. Ich werde mich hier erkundigen, wie
streng oder nachsichtig man in diesem Punkte im Preußischen
sei, besonders wenn es eine mündige Dame betrifft, die
1783 gebohren. Also ist es ausgemacht, daß Du mit der
Auguste zusammenkommst? Nun, ich habe nichts dagegen,
nur daß Du besonnen bleibst, und Dich in keine unab=
änderliche Verhältnisse einlassest. Aber am Rheine oder
in dessen Nähe muß es seyn. Wenn ich nur ohngefähr
wüßte, wie bald Du Dich mit der Guste ansiedeln wirst,
daß ich meine Reise darnach einrichten. Ich sehne mich
sehr nach Dir und ich werde, so bald Du Frankfurt ver=
lässest Dir folgen und sollte ich auch die ganze Hamburger
Reise darüber aufgeben. Aber, da fällt mir bei — wird
denn der Guste Sommeraufenthalt nicht bedingt werden
durch ihre Eltern? Daß sie nehmlich, um in deren Nähe
zu bleiben, sich einen unangenehmen Aufenthalt wählt,
etwa Darmstadt, Aschaffenburg? Das wäre doch traurig!
Doch auch in dieser Beziehung wäre der Rhein zu wählen,
da man mit dem Dampfschiffe jezt in wenigen Stunden
von Frankfurt hinkommen kann. Nach Deinem Briefe zu
urtheilen, hast Du Schmidt mit großer Gleichgültigkeit
wieder gesehen. Ist das schön, gegen alte Freunde so zu
erkalten? Nein, das ist nicht schön. Nicht einmal von
seinem Gesundheitszustande hast Du mir ein Wort ge=
schrieben. Wenn es dem Schmidt und der Auguste in
Berlin gefallen, warum sind sie nicht hier geblieben? Mir
gefällt es hier ungemein gut, und ich bin überzeugt, daß
es Dir auch gefallen würde. Man macht sich bei uns von
den Berlinern eine falsche Vorstellung, man hält sie für
übergebildete, glatte, herzlose, verschrobene Menschen. Dieses

ist gerade das Gegenteil. Sie sind die einfachsten, be=
scheidensten, herzlichsten Menschen, die mir je vorgekommen.
Man findet bei uns, bei Mangel aller Bildung, viel mehr
Ostentation, viel mehr Falschheit und Verschrobenheit als
hier. Der Luxus ist weit geringer als in Frankfurt, und
die Leute hier richten ihre Lebensart nach ihrem Ver=
mögen ein, und sie werden von den Reichen darüber ge=
lobt und geachtet. Wie viele habe ich hier schon ganz
unbefangen von ihrer ökonomischen Lage sprechen hören,
und wie sie dies und jenes unterlassen müssen aus Mangel
an Geld. Für Gelehrte ist übrigens Berlin ein kleines
Eldorado. Sie werden respektirt und gefüttert, sie können
alle Tage zu Gaste gehen. Mit Paris ist nicht ausführ=
bar, nicht für Schmidt, nicht für uns und nicht für uns
zusammen. Für Schmidt nicht, weil er durchaus die
Charlatanerie und das savoir vivre nicht hat, ohne welches
man in Paris kein Glück macht. Für uns nicht, weil uns
Geld fehlt. Für uns zusammen nicht, weil Paris, bei
unserer Aller häuslichem Sinne, bei seiner ungeheuren
Größe und seiner Fremde für uns ein Dorf wäre, in dem
wir, wie in einer Einsamkeit, einer auf des andern Um=
gang angewiesen wären, so daß wir von einander ab=
hingen. In Berlin wäre dieses minder lästig, da jeder
leichter seinen eigenen Kreis suchte. Doch ist unser Zu=
sammenleben überall, und ob es räthlich sei, wohl zu be=
denken. Gott weiß es, daß ich dabei auf mich gar keine
Rücksicht nehme. Du wärest gern mit der Auguste zu=
sammen, und was Deine Zufriedenheit vermehrt, vermehrt
meine um doppelt so viel. Aber überlege, ob Dein all zu
gutes, all zu schwaches Herz Verbindungen solcher Art
nicht gefährlich machen, ob Du Dir nicht Sorgen zuziehst,
die Du von Dir zu entfernen nie die Kraft hättest. Du
wirst Schmidt's Familienverhältnisse kennen lernen, er=

fahren ob von ihnen mehr Freude als Leid zu erwarten.
Dann prüfe Dich und beschließe was Du willst. — Was
Du mit meinem Gelde machst ist mir Recht. Frage Sach=
verständige und thue was Du willst. Wem es an=
zuvertrauen ist noch zu überlegen. Speyer wäre unschick=
lich. Wer soll die Coupons besorgen? Aber ich begreife
nicht, warum Du mit Deinem eigenen Gelde nicht ebenso
verfahren willst. Deine Mutter braucht ja nicht zu wissen,
daß Du es in Frankfurt zurücklassest. Du kannst ja sagen,
Du hättest es mitgenommen. Es wäre ja auch nur für
die erste Zeit, denn an dem Orte wo wir künftig lebten,
würden wir auch natürlich unser Geld placiren.*) — —

Ja wohl will ich Dachles[77]) lernen; ich meyne zu
heirathen, wäre aller Dachles Anfang. Nach dem Schwehren
ist das Übrige leicht. — Ach, was ist mir so angst vor
Deinem nächsten Briefe, wo ich meine Bescherung wegen
des verbrannten Schlafrocks und der gestohlenen Sachen
bekommen werde. Warum ich offenherziger Narr Dir
auch alles sagen muß! Ist das Liebe! Ach, die Liebe!
Was sagst Du dazu, daß ich von neuem verliebt bin?
Mit der Mariane S. ist es nichts mehr. Bei mir heißt
es nicht blos: ein anderes Städtchen ein anderes Mädchen,
sondern sogar: ein ander Stübchen, ein ander Liebchen.
Neulich — es war ein milder Frühlingsabend und ich
seufzte alte Seufzer — traf ich in einer großen Gesell=
schaft bei der Herz, ein Mädchen von edler Gestalt. Sie
hatte eine römische Nase und Spanische Augen. Sie sehen
und lieben war so verbunden wie wir — nehmlich un=
zertrennlich. Sie sprach so einfach, so herzlich, so freund=
lich. Und wer war die Holde? — Schillers Tochter![78])

---

*) Auch hier ist wieder eine Stelle unleserlich gemacht.

Ist das nicht romantisch? Aber der Teufel soll sie doch holen, und die ganze deutsche Nation mit ihr! Schillers Tochter hat kein Geld! Schillers Tochter kam nach Berlin um Hofdame bei einer Prinzessin zu werden! Schillers Tochter wurde nicht für würdig gehalten Hofdame zu werden und wurde abgewiesen! Schillers Tochter w o l l t e eine Hofdame werden! . . Als 130 Jahre nach Corneilles Tod, Voltaire erfuhr, daß eine Ur=ur=Nichte des Dichters in trauriger Lage lebe, ließ er das Mädchen kommen, veranstaltete eine neue Ausgabe von Corneilles Werken, schrieb Noten dazu, und verschaffte dem Mädchen von dem französischen Volke eine jährliche Rente von 30000 fr. und stattete sie aus und verheiratete sie an einen Edelmann! Das sind Hunde! — In der nehmlichen Gesellschaft lernte ich den Bildhauer Rauch kennen.*) . . . [Frau Robert] Das ist eine Frau! Bei der kann man die Anatomie der Verhältnisse studieren. Als sie her kam, — ihr Ruf war ihr Courier, — haben sich die Damen gedreht und gewendet, ihr nicht zu nahe zu kommen. Aber sie hat es durchgesezt bei den Männern, und sie kömmt in die ersten besten Gesellschaften. Ich bin überzeugt, und ganz Berlin ist es, daß ihre Aufführung besser ist als ihr Ruf. Sie ist ihrem Manne treu aus Indolenz. Sie suchte nichts, als ihre Schönheit allgemein anerkannt zu sehen und hat dies erreicht. Aber eine so schmutzige Person im Hause ist mir noch nicht vorgekommen. Sie und der Mann, ein Paar Schweine sonder Gleichen. Sie hat keine Seele, und sie amüsiert mich nur, weil ich mich über sie lustig mache, ohne daß sie es merkt. Und so wie sie ist macht sie doch Gedichte, besonders in Schwäbischer

---

*) Eine hier folgende Stelle über Rauchs Tochter ist von mir ausgelassen.

Mundart, von ganz unbeschreiblicher Anmuth und Feinheit. Ich war ganz erstaunt darüber. Was doch ein Mensch nicht alle vereinigen kann! — Eine Frau von Barbeleben[79]) habe ich kennen gelernt, eine Dichterin. Sie hat Zähne wie ein Eber, und fletschte sie auf eine furchtbare Weise, als sie mir erzählte, wie sie vor fünf Jahren mein Bild entzückt, nehmlich das Houwaldsche.[80]) Aus Freude mich kennen zu lernen, hätte sie mich beinahe aufgeknackt. — Mit Fouqué habe ich zu Mittag gegessen. Ein rothbackiger, dicker, guter funzigjähriger Preußischer Major mit grauem Schnurr= barte, ganz artig, ganz gewöhnlich. Vom Schimmel und von sonstigen Ritterpferden, die mehr Verstand haben als ein bürgerlicher Mensch schwieg er zwar bei Tische, doch sprach er von den Kreuzzügen, und meynte das Dichten sollte zünftig seyn, dann wäre es besser. Er ist auch ein Anbeter der Madame Robert. Was hat die für Thiere vor ihren leichten Wagen gespannt! Wenn ich nur be= greifen könnte, warum diese Frau den Männern, besonders den betagten so gut gefällt. — Diese Woche erhielt ich eine Einladung zum Essen, wo auch Humbold hinkam. Ich war schon anderswo versprochen. Das hat mich sehr geärgert. Humbold soll ein äußerst liebenswürdiger Ge= sellschafter seyn, und in einem fort erzählen. Ich begegne ihm wohl noch. — Felix Mendelssohn hat eine Ouvertüre zu Shakespeares Sommernachtstraum komponiert, die ganz vortrefflich seyn soll. Nun hatten neulich die Eltern die große Freude zu erfahren, daß diese Ouvertüre in Stock= holm, am Hofe mit vollem Orchester aufgeführt worden ist und so sehr gefallen hat, daß sie zweimal gespielt werden mußte. — Ich habe heute schon zwei artige Billets von Damen bekommen, eines von der Mariane S. und das andere von Madame Mendelssohn. Hätte ich sie nur gestern gehabt, hätte ich sie dem Lindenau mitgegeben.

Die M. S. hat unterdessen etwas in meinen Augen ver=
lohren, und was sie verlohren, hat ihre Schwester Julie
gewonnen. Aber es bleibe alles unter uns, so wohl Gutes
als Böses. Die Mariane ist eitel, sehr eitel. Sie spricht
von ihren Triumphen, von ihren wohlthätigen Handlungen
mit allzugroßer Unbefangenheit. Vielleicht spricht sie mehr
davon weil sie nichts verschweigen kann, als aus Prahlerei.
Aber was ihren Charakter betrifft — rathe einmal, mit
wem ich sie vergleiche? Du wirst Dich wundern — Sie
ist der w e i b l i c h e S i c h e l !⁸¹) Nun, das ist so schlimm
noch nicht; denn der Sichelsche Charakter bestand weniger
in Fehlern, als in einer gewissen Mischung von Tugenden
und Fehlern. Aber ich fürchte, ich fürchte, ich werde noch
einmal die gute Dame mit einer Person vergleichen müssen,
der ähnlich zu seyn, nicht schön und nicht ehrenvoll ist.
Ich fürchte, sie hat etwas von der — J e t t c h e n S i c h e l.*)
Es ist unglaublich! Sie ist so unterhaltend, witzig, so ge=
bildet, viel gebildeter als ihre Schwester, und doch eine
Närrin! Und noch vor 8 Tagen habe ich den Robert, der mir
dies sagte ausgelacht! Aber lache Du mich nur nicht
aus, wegen meiner schlechten Menschenkenntnis. Ich habe
es Dir vor meiner Abreise gesagt, daß ich die Leute
schildern werde, wie sie mir erscheinen, und wenn sich
meine Ansicht ändert, dieses ehrlich gestehen. Wahrhaftig
die Fanny Ochs hatte auch recht, als sie mich eitel nannte.
Ich habe mich gestern auf eine Eitelkeit ertappt, die
merkwürdig ist. Ich, der ich so selten im Briefschreiben
bin, und dies wahrlich eben so sehr aus Blödigkeit, als
aus Trägheit und Unfreundlichkeit, und Prosa schreiben,
das ich doch verstehe — ich ließ mich vom Teufel ver=

---

*) Auch hier sind einzelne Worte im Original gestrichen, so daß
der Satz unverständlich ist.

suchen und überreiche der M. S. ein Gedicht! Ich dichten! Zu meiner Beschämung und Buße will ich es Dir mittheilen. Ich muß Dir aber zuvor den poetischen Unsinn erklären. Die S. war nehmlich auf Samstag Abend irgendwo eingeladen, wo ich sonst auch hinkomme, aber weil es ein Familienfest war, den Tag nicht gebeten wurde. Ich fragte sie, wie sie sich kleiden würde? Und sie sagte: in schwarz Atlas mit goldenen Ketten u. dergl. Da fingire ich nun folgendes. Aber werde nur nicht eifersüchtig, Bärbelchen! Du weißt wir Dichter lügen ganz entsezlich, ganz ungeheuer. [82])

> Ich fühle das Wehen der seidnen Nacht,
> Seh' wie Mondlicht Deinen Nacken strahlen
> Und Männerblicke schleichen leise sacht —
> Ach dürft' ich hehlen, was sie stahlen!

> Blumendüft' aus Deinen Augen quellen, —
> Dein Lächeln von Praxiteles gemeißelt —
> Dein Kosen gleichet Purpurwellen
> Im Abendroth auf stillem See gekreißelt.

> Ring an Ring und Reiz an Reiz umkränzen
> Deine holde zauberische Gestalt;
> Ich sehe Sterne durch Thränen glänzen —
> Fern ist der Himmel, nahe die Gewalt.

> Ich fühl' der goldnen Kette Zug
> Und darf nicht folgen ihrem Ruf.
> Ach, gab es Schmerzen nicht genug,
> Daß Gott noch diesen Schmerz erschuf?

> Es gelang mir nicht, doch konnt' ich's wagen!
> Mächt'ge Zauberin, es ist Dir gelungen;
> Was sonst gefühlt, konnt' ich nur sagen —
> Dies ist Dein Lied, Du hast Dich selbst besungen.

Das Gedicht wurde wohlgefällig aufgenommen, und zu den übrigen gelegt, die sie von Schlegel, Göthe, dem Könige von Baiern, und Andern besizt. Das war eben

die Eitelkeit, die mich verführte. Ach! Bärbelchen, was
wirst Du an mir zu waschen haben, wenn ich wieder nach
Hause komme. Ich stecke in Sünden über und über.
Aber mein größtes Verbrechen bleibt doch der Diebstahl
der Kleider und Wäsche. Darüber, fürchte ich, giebst Du
mir keine Absolution. — Als ich heute zu einem jüdischen
Tabackshändler kam, mir Taback zu kaufen und dieser
durch einen gewissen Anlaß meinen Namen erfuhr, war
der Mann ganz außer sich vor Freude, führte mich hinauf
zu seinem Schwiegervater, zur Schwiegermutter, zur Frau,
welche sämtlich meine sämtlichen Werke verehren. Die
guten Leute regalirten mich mit einer Pfeife und mit
Bier. Mu h r heißt er und wohnt auf der Königstraße.⁸⁸)
Fragen Sie Lindenau, ob er ihn kenne? — Adieu un=
vergleichliches Bärbelchen. Du bleibst doch das schönste
Gedicht, und das Gott selbst für mich gemacht. Zwar
kommen ungereimte Stellen darin vor; aber so genau muß
man es mit dem lieben Gott, der so etwas nur in den
Feyerstunden zu seiner Erholung macht, nicht nehmen.
Gruß an alle und besonders an Ihre Schwester Fanny.
Aber der Fanny Ochs erzähle nichts von meiner Zer=
knirschung. Das würde sie gar zu stolz machen.

Dein Charles.

(Erhalten Nr. 13) D i e n s t a g b. 18ᵗᵉⁿ.

————

13)   B e r l i n b. 21. Merz 1828.   Freitag.

Als ich den Brief an Stiebel beilegte, fiel mir gar
nicht ein, Du würdest, ehe Du ihn gelesen, einige Minuten
in Angst schweben, ich wäre krank und melde dieses. Du
hast mich daran erinnert, und ich habe lachen müssen, wenn
ich mir lebhaft vorstellte, wie Du zwischen beiden Briefen

schwanktest, welchen zuerst zu lesen. Du bist doch manchmal ein komisches Äffchen, liebes Bärbelchen. Aber ich schwöre Dir bei Deinem Affenthum, daß ich das Bad n i c h t gebrauchen werde, auch wenn mir Stiebel es anrathen sollte. Es eilt ja nicht, und ich werde ja hoffentlich noch länger taub bleiben. Aber bin ich nicht ein rechter Thor, daß ich, Willens mich zu verheirathen, mein Gehör zu verbessern suche? Übrigens ist die Natur und Einrichtung des Bades anders als ich sie mir vorgestellt, und ich hätte, wäre sie mir früher so bekannt gewesen, weniger bedenklich angefragt. Ich dachte nehmlich, es wäre eine heftig geheizte Stube, und ich hatte Angst davor, weil schon ein gewöhnlich zu warmes Zimmer mir übel macht. Es ist aber nicht so. Es ist ein großer Saal voll Dämpfe, die durch Aufgießen von kaltem Wasser auf heiße Öfen hervorgebracht werden. Man legt sich nakt auf eine Bank, und geräth augenblicklich in den stärksten Schweis. Da man nun gleich transpirirt, geräth das Blut nicht in Unruhe wie in gewöhnlicher Stubenhitze. Ich glaube, Reis wird Ihnen eine andere Meinung von der Sache beibringen, wenn er deren Beschaffenheit erfährt. Doch bleibt es bei meinem heiligen Versprechen, ohne Deine Einwilligung nichts zu unternehmen. — Über die Tassen mit meinem Bilde bin ich recht erschrocken. Wenn nur der Bing den Verstand gehabt hat, die Unterschrift wegzulassen, und auch den Staatsmann. Wie häslich würde sich das ausnehmen! Kommen denn die Tassen bald an? Sollte dieses der Fall seyn, und sollten sowohl die Tassen als die Bildnisse schön seyn, dann bitte ich Dich mir doch zwei hierherzuschicken, durch den Eilwagen. Jedoch nur, wenn sie im Anfange Aprils hier seyn könnten. Ich würde einigen Freundinnen damit ein sehr willkommenes Geschenk machen. Der Bing würde sie gehörig verpacken, und Lindenau die Versendung auf

dem Eilwagen besorgen. Ich möchte auch gar zu gern ein
Paar von meinen Portraits hier haben, aber o h n e
U n t e r s c h r i f t. Wenn Oppenheimer gute Abdrücke davon
hat, schicke mir doch 2 davon her für meine Kebsfreun=
dinnen. — Meinen Reiseplan nach Hamburg habe ich große
Lust aufzugeben und gegen einen andern zu vertauschen.
Das Wetter ist schlecht, wie gewöhnlich und überall im
Merz und April, der Weg nach Hamburg eine Wüste, und
ohne Chaussee. Ich würde mit einem Hauderer sechs Tage
brauchen. Die Witterung in Hamburg soll erst spät an=
genehm werden und alle Welt frägt mich, was machen Sie
in Hamburg? Ich will dem Frühling lieber entgegenreisen
als mich von ihm entfernen. Darum bin ich willens von
hier nach Dresden, und von dort südlich nach Nürnberg,
Bayreuth, Bamberg, Würzburg zu reisen, Gegenden, die
ich noch nicht gesehen, und die sehr interessant sind.
Stimmst Du damit ein? — Es ist aber mit Dir auch gar
nichts zu machen. Ich dachte, wenn ich Dir erzählte, daß
mir andere Leute auch gefiehlen, das würde Dich eifer=
süchtig machen; ich dachte wenn ich Dir erzählte, daß ich
anderen Leuten gefiehle, das würde Dich stolz machen.
Aber Du bist weder eifersüchtig noch stolz geworden. Du
bist Deiner Sache gar zu gewiß, und das macht m i c h
stolz. Du hast aber auch recht. Jezt, nach so manchen
interessanten weiblichen Bekanntschaften, jezt erst habe ich
Dich gewählt. Du bist die unvergleichlichste, die liebens=
würdigste, die beste Deines Geschlechts. Was bin ich so
glücklich, daß Du mir geworden, was so glücklich, daß mir
keine andere geworden! — Willst Du Dir im Ernste einen
Bronze=Schmuck kaufen? Du wirst doch meinen Stand
nicht so herabsetzen wollen? Ich fange an und werde ein
Narr und sehe die hiesigen Merkwürdigkeiten, Museen,
Dioramen, Gemahlden. Es macht mir schreckliche Lange=

weile.*) — Ich schicke Dir das Verzeichnis meiner
Schulden. Fordere die Rechnungen (nur von Sauerländer
nicht) und bezahle sie mit dem Gelde, das Du haft. Wenn
es nicht zureicht, laß Dir von Samuel geben. Schreibe
mir dann genau, wie viel Du ausbezahlt. — Ich habe
heute weder Stoff noch Zeit das Papier auszufüllen. Begnüge Dich damit und mit dem Herzen

Deines treuen Charles, geb. Jeanette.

(Nr. 14 erhalten)

---

14)   Berlin, Montag b. 24. Merz 1828.

Liebes Bärbelchen, lieber Engel, Satan, ist denn Dein
Bißchen Verstand auch weg, seit ich fort bin? Ich glaube
es faft. Wer macht denn so ein Mordspektakel um ein
Paar Beinkleider, oder, wie Mad. Robert sich richtiger aus-
brückt, um ein Paar Hosen? Schämst Du Dich denn gar
nicht? Gefaßt war ich auf Knurren, auf Zank, auf Ohrfeigen, aber daß Du eine solche Tragödie daraus
machen würdest, das hätte ich nie erwartet. Was ist's
denn weiter? In Berlin ist das Stehlen üblich und jeder
giebt genau acht. Ich gab nicht acht und wurde darum
bestohlen. Es wird nicht mehr geschehen. Die Kleider
hat wahrscheinlich der Barbier mitgenommen, als er durch
mein Schlafzimmer ging, wo sie auf dem Sopha lagen,
und er war noch so ehrlich den Rock liegen zu lassen. Die
Halstücher wird sich wohl mein Bedienter angeeignet
haben, da ich ihm den Schlüssel zu meiner Commode anvertraute. Aber man muß keinem Unrecht thun — ich

---

*) Nur die Worte von „Ich — Langeweile“ waren in den
Nachgelassenen Schriften als Schluß des vorhergehenden Briefes gedruckt, sonst war der ganze Brief ausgelassen.

hatte von 6 Halstüchern gesprochen, es waren aber 7, die
der Mensch genommen. Den Barbier habe ich abgeschafft,
weil er ohnedies nicht zur rechten Zeit kam. Den Be=
dienten habe ich beibehalten. Wozu ihn wegschicken und
einen neuen nehmen? Damit dieser neue von vorn an=
fange? Die Bedienten stehlen hier alle und man muß
ihnen auf die Finger sehen. Mein Bedienter ist nicht blos
bei Robert, sondern auch noch bei anderen ordentlichen
Leuten meiner Bekanntschaft im Dienste. Übrigens ist er
nicht den ganzen Tag um mir, sondern er kömmt nur des
Morgens meine Kleider zu reinigen. Wird denn in
Frankfurt nie gestohlen? Die Saalings haben vor einigen
Tagen von ihrer Schwester in Frankfurt die Nachricht er=
halten, daß die mit einem Male 6 Domestiken weggeschickt,
die sie alle bestohlen. Ein Hausknecht habe nächtlichen
Spuk veranstaltet, um zu stehlen, und sie hätten darum
mehrere Nächte Polizei bei sich versteckt gehabt. O Satan!
wozu Dein Lärmen? Wozu Dein Jammern? Aber ge=
stehe nur, Du hast Furcht, der Schnurrbart murkst mich
ab! Du bleibst das alte Bärbelchen, an Dir ist Hopfen
und Malz verlohren. Da brauche ich den Reinganum dazu,
um zu wissen, daß ich nicht klagen soll bei der Polizei!
Geh in Dich Satan, bessere Dich, gefallener Engel! Deine
Instruction wie ich mich nach den Verhältnissen meines
Bedienten erkundigen soll, ist ein Muster von Polizeiflug=
heit. Du solltest Polizeikommissärin werden. — Wie bin
ich begierig auf Deine nächsten Briefe, um zu erfahren,
was Du mit Schmidt, wegen des Zusammenkommens mit
Guste verabredet hast. Wenn es nur bald geschieht, daß
ich Dich bald wiedersähe. Ach, so lang, so lang! Es
sind schon über 6 Wochen. Was werde ich aber Schläge
von der Mama bekommen, wegen der Hosen! Ich habe mir
von der Herz 6 neue Halstücher kaufen lassen. Man hat

hier große Magazine von fertiger Wäsche, wo man alles
so gut und billig kauft, als ließe man es selbst machen.
Überhaupt kann man hier alles haben wie in Frankfurt.
Die Läden sind schöner und eleganter als bei uns. — Gestern
habe ich endlich Humbold kennen gelernt. Er kam Abends
zu Mendelssohn. Er spricht unaufhörlich und sehr an=
genehm. Die ganze Gesellschaft, aus mehr als 30 Per=
sonen bestehend, Herren und Damen, bildeten einen Kreis
um ihn, und hörten ihm zu. Das scheint er gewohnt zu
seyn. Er fällt sehr strenge und scharfe Urtheile. Be=
sonders über den Schlegel [84]) in Bonn macht er sich un=
aufhörlich lustig, sowohl in Gesellschaften als in seinen Vor=
lesungen. Schlegel hat vor wenigen Tagen hier eine
Broschüre [85]) drucken lassen, worin er sich gar zu lang und
breit gegen die kurze Anschuldigung seines Hanges zum
Katholizismus, den neulich ein französisches Blatt enthielt,
vertheidigte. Das nahm Humbold zum Thema einer halb=
stündigen Satyre, die sehr ergötzlich war. Ich saß neben
ihm und er fragte mich, wie sich Madame Wohl befinde?
Ich sagte ihm: die ist jezt in großer Trauer, weil ihrem
Schatze ein Paar Hosen gestohlen worden. Ja, bemerkte
er, das ist aber auch keine Kleinigkeit. Und darauf erzählte
er mir eine Geschichte wie ihm einst in Peru ein Paar
Hosen gestohlen worden, von einem Nachkömmling des
Ferdinand Cortez; wie er sich beim Könige von Spanien
darüber beklagt und wie dieser ihn ausgelacht habe. Von 9
bis 11 Uhr sprach er in einem fort, so daß schicklicher Weise
ein Anderer gar nichts reden konnte. Es gefiel mir fast
nicht. — Gestern Abend [86]) ist Julie Saaling mit einem
Sohne niedergekommen, mit einer Leichtigkeit als hätte sie
schon zehn Kinder gehabt. Sie hatte sich um einen Monat
verrechnet, und wir hatten uns verabredet den Abend zu=
sammen ins Theater zu gehen. — Die Prinzessin Karl [87),

Gemahlin des Sohns des Königs, ist vor einigen Tagen
auch mit einem Prinzen niedergekommen. Das ist der
muthmasliche Thronerbe, weil der Kronprinz keine Kinder
hat. Merkwürdig dabei ist, (und darum schreibe ich es
Ihnen) daß die Prinzessin eine getaufte Jüdin zur Kinder=
frau genommen. So weit ließ sich auch keine Frankfurter
Kaufmannsfrau herab, eine getaufte Jüdin zur Wärterin
zu nehmen! — Gestern sah ich eine neue Oper von Cherubini,
Abenceragen.[88]) Sehr schöne Musik. Aber das Ver=
gnügen wird einem verleidet durch die unendliche Ballette.
In den Zwischenakten begegnete ich dem Dr. Levitta aus
Mainz, der wegen Geschäfte auf 14 Tage hier ist. — Die
jüngere Tochter Mendelssohns,[89]) ein schönes, munteres,
gutes und sehr einfaches Mädchen lernt schon seit ihrem
11. Jahre griechisch und liest die schwehrsten Klassiker.
Sie wohnte dem Unterrichte ihres Bruders Felix bei, und
bekam Lust zur Sache. Dieser Felix ist auch allseitig ge=
bildet. Neulich führte er mich im Naturhistorischen Museum
umher, und erklärte mir alles so schön wie es nur ein
Professor könnte. Wenn hier die Leute wüßten was ich
für ein Ignorant bin! Zum Glück ahndet das Keiner. —
Die Herz ist eine sonderbare Frau! Sie hat unglaublich
wenig Geld, und weiß doch durch eine kluge Oekonomie,
sich so einzurichten, daß sie viele Wohlthaten üben, und
ihrem Hauswesen einen Schein von Behaglichkeit geben
kann. Neulich hatte sie eine Soiree, wobei Gesandten,
Minister, sogar eine Prinzessin war. In Frankfurt hat
man keine Vorstellung davon, wie eine Prinzessin zwei enge
Treppen, zu einer getauften Jüdin, die keine 1000 Gulden
Einkommen hat, hinaufkriechen mag, um eine Tasse Thee
und ein Stückchen Wurst zu verzehren! Zur Mariane
Saaling kam neulich des Vormittags ein Herzog von
Mecklenburg, blieb über eine Stunde da, und sie strickte

dabei, als wäre es ein Anderer. An der Herz habe ich
einen merkwürdigen Charakter-Zug oder vielmehr Geistes-
Zug wahrgenommen, den ich noch bei keinem anderen
Menschen beobachtet. Etwas Dummes begreift sie
gar nicht! Wenn einer etwas Dummes sagt oder thut,
wenn auch zum Spaße oder sie hört davon erzählen, fährt
sie auf als hätte sie eine Tarantel gestochen, und kömmt
ganz außer sich. Es giebt nichts lächerlicheres und ist ein
Beweis von großer Beschränktheit. Ach, was hält sich die
gute Frau an die Vergangenheit geklammert! Sie will
gar nicht von ihr lassen. Es ist ein Jammer anzusehen
und es ist, als sollte sie hingerichtet werden, und sträubte
sich, aufs Blutgerüste zu steigen. Da hat sie so eigene
Wörter an sich, die sie sich selbst gemacht und die kein
anderer versteht: handlich, mutschlich, knutschlich
und Gott weiß, welche noch. Die haben ihr alle sehr gut
angestanden als sie noch rothe Lippen hatte und süßes
Lächeln; aber jezt ist es gar zu komisch. Sie geht vor
keinem Spiegel vorbei ohne sich hinein zu sehen, und
drückt einem die Hand und macht Augen und Mäulchen,
daß einem Angst und bange wird. Ach, Bärbelchen, Du
würdest lachen, wenn Du mein sauer-süßes Gesicht bei der
Herz sähest. Was geniert sie mich, was werde ich gestraft
für meine Jugendsünden. Die schönsten Stunden, die ich
bei andern schöner zubringen könnte, muß ich bei meiner
alten Freundin bleiben. Ich bin aber auch gar zu gut-
müthig. Komme ich nicht, und sie frägt: wo waren Sie
gestern? und ich antworte: bei der Saaling, — sagt sie:
ich bin doch auch ein Mensch. Neulich war ich maliziös,
und als sie mir sagte: ich bin doch auch ein Mensch, erwiederte ich: das weiß ich schon sehr lange. Und das
schlimmste ist, daß ich keinen Schritt heimlich thun, kein
Wort unverrathen sprechen kann. Sie erzählen sich alles

wieber, was ich bei jedem gesprochen. Ich erfahre immer
den andern Tag, wo ich den vorigen Tag gewesen. Das
ist eine Art Eitelkeit. Ich kann keiner Dame unter vier
Augen etwas Galantes sagen, ohne daß sie es ausplaudert.
Das ist erschrecklich. — Ich will Ihnen, weil ich doch nichts
mehr zu schreiben habe, einige Billets von Damen kopiren.
Die verschiedenen Manieren zeigen sich darin.

1.

„Die Abrede die wir genommen, lieber Freund, zu
Rauch zu gehen, kann ich heute nicht erfüllen, wir bleiben
ja noch zusammen — aber — ich bin zwischen 6 u. 7 Uhr
bei der Uhden — bitte kommen Sie dahin, dann gehen wir
hinauf zur Levy." — Ihre H. Herz.

2.

„Das Ungefähr ist mir ungünstig wie ich sehe; ich
will Sie lieber bitten. „Wenn Sie nichts besseres vor=
haben, so kommen Sie zu uns", sagte ich, als wir das
lezte Mal das Vergnügen Sie zu sehen hatten. Aber eine
Woche ist vergangen, ohne daß der Fall sich ereignete.
Sind Sie morgen Mittag nicht versagt, so bitte ich Sie,
speisen Sie mit uns! Wenn Sie mir bis morgen um
10 Uhr nicht haben absagen lassen, so erwarte ich Sie."
Ergebenste Fr. Varnhagen.⁹⁰)

3.

„Herr Passalaqua⁹¹) wird Mittwoch Vormittag 1 Uhr
seine ägyptische Sammlung einer Gesellschaft zeigen. Ich
habe ihm gesagt, daß einige liebenswürdige Fremde sie zu
sehen wünschten, u. er wird Sie mit großem Vergnügen
daran Theil nehmen lassen. Haben Sie also die Güte,
lieber Herr Doctor, sich um die genannte Zeit in Monbijou
einzufinden, u. ihm zu sagen, daß ich mit ihm von Ihnen
gesprochen. Befehlen Sie ferner über mich und lassen Sie

sich bald bei uns sehen." Ihre ergebene Dienerin
P. [92]) Mendelssohn Bartholdy.

4.

„Als Beweiß, daß ich nicht schreiben kann u. als Ent=
schuldigung daß ich es nicht thue, sende ich Ihnen lieber
Dr. Börne, beifolgende Erzählungen. Sie Ihrer Nachsicht
und mich dieser empfehlen zu wollen, hieße der Eitelkeit
mit Gewalt Thor und Thüre öffnen; ich empfehle sie Ihrer
Beurtheilung und beuge mein Haupt in Demuth. Lassen
Sie mich bald, doch schriftlich wissen, wie Sie damit un=
zufrieden sind."

„Von Mittwoch weiß ich etwas, nehmlich, daß nun
mit der Abendgesellschaft nichts wird, weil — aber die
Überraschung ist vielleicht dabei das beste. Kommen Sie
nächstens damit wir verabreden, wann die Abendgesellschaft
ohne Gesellschaft abgehalten werden soll. Gott mit
Ihnen!" M. S.

5.
An Frau Dr. Heise.

„Ich habe die Ehre und den Jammer Ihnen an=
zuzeigen, daß die Abenceragen nicht heute gegeben werden,
sondern erst Sonntag. Ich habe vor Schrecken über die
Krankheit der Mad. Schulz Kopfschmerzen bekommen.
Darf ich hoffen, daß Ihre Zusage auch für den Sonntag
gelte?"

„Ich schicke Ihnen die neuesten noch nassen Erscheinungen
der schönen Literatur."

„Unvergleichliche Julie, ich bin halb der Ihrige."
Börne.

6.
Antwort auf Voriges.

„O ja! Sonntag ist auch ein Tag, und wir wollen
ihn recht gern zum Theater verwenden. Ich fürchte, Ihre

Kopfschmerzen sind Schuld, daß die Schulz krank geworden.
Bleiben Sie außerdem gesund, wir bleiben zu Hause (avis
au lecteur), Sie sind ja klug."

„Sie immer der S ch ö n st e, ich bin halb die Ihrige,
das giebt ein schönes Ganze." — J u l i e H.

_____

Ach, was muß der liebe Börne nicht alle thun, sich
den Schmerz der Trennung zu versüßen; aber bald hilft es
nicht mehr, denn gar zu lang, gar zu lang, hat er sein
Schatz nit gesehe! Abieu Engel, und wenn Du Dich nicht
gut aufführst, schicke ich Dir den Schnurbart.

B.

Erhalten Nr. 15.

_____

15)   Berlin Mittwoch b. 26. Merz 1828.
Heute hätte ein Brief kommen sollen. Warum kam
er nicht? Wenn das noch einmal geschieht, laß ich Dich
vom Schnurrbart holen. Führ Dich gut auf, Du weißt,
mit dem Schnurrbart ist nicht zu spaßen. Laß uns ein
wenig plaudern. Ich sehe Deiner Bestimmung über die
Dauer und über die fernere Richtung meiner Reise ent=
gegen. Den 15ten April will ich Berlin verlassen, und bis
zum 15ten Mai mit Dir zusammen treffen. Wirst Du
denn bis dahin aus dem elenden Frankfurt weg seyn?
Jezt frägt es sich, soll ich nach meinem ursprünglichen
Plane nach Hamburg und zurück über Hannover, Cassel,
oder soll ich nach Dresden, Nürnberg? Für das erstere
ist mein Verstand, für das Andere meine Neigung. Ent=
scheide Du. Da ich einmal im Norden bin, sollte ich da
bleiben und ihn kennen lernen. Aber das verdrüßliche
Klima, das schlechte Aprilwetter. In Dresden und süd=
licher gewiß fände ich schon den Frühling, der mich

tröftete, bis ich mein Bärbelchen finde. Dort wäre ich
Dir auch näher. In Nürnberg würde ich Dir einen
schönen Hufaren mit einem großen Schnurrbarte kaufen,
mit dem könntest Du spielen und so Dich spielend ge=
wöhnen an des Lebens heiligen Ernst, an die Berliner
lebenden und stehlenden Schnurrbärte. Vor Deiner Ab=
reise mußt Du aber meine Sachen einpacken lassen, ja ich
meyne, daß Du ohne Verzögerung das gleich thätest. Du
mußt zum Einpacken meiner Bücher einen Schiebkärcher
nehmen. Ein Anderer versteht das nicht. Bei Worms
auf dem Boden steht mein Bücherkasten. Der Deckel hat
eine Spalte, darauf muß eine Leiste genagelt werden, daß
der Regen nicht hineinkomme. Unten im Kasten, und oben
auf den Büchern, muß Papier, Wachstuch u. dergl. ge=
legt werden, um sie gegen Nässe zu schützen. Gehen die
Bücher nicht alle in den Kasten, legt man die übrigen
in einen der Koffer. Ich habe noch 3 bei Worms stehen,
zwei im Schlafzimmer und einen auf dem Boden. Was
ich Brauchbares an Kleidungsstücken, Pfeifen, Kleinodien
habe, wird auch eingepackt. Ich meyne Du ließest Deine
Bücher mit den meinigen zusammenthun. Wo sollen aber
die Bücher und Möbels und sonstige Sachen stehen bleiben?
Bei Worms, oder wäre besser für alle unsere Sachen ein
Gewölbe zu miethen? (Meine Manuscripte, das versteht
sich, mußt Du mitnehmen.) Vergiß auch nicht der Schnapper
das Sofa, das sie mir geliehen, zurückzugeben. — Joseph
Mendelssohn hat zwei Söhne. Der eine ist Standesmäßig
verheiratet und in seines Vaters Geschäft. Der andere
hat ein ganz armes Christenmädchen geheiratet, und hält
sich jezt mit seiner Frau, mit der er fünf Jahre sehr
glücklich lebt, in Bonn auf, um dort seine Studien (als
Naturforscher) fortzusetzen und einst Professor zu werden.
Obzwar Mendelssohn einer der reichsten Kaufleute in

Berlin ift, fo war doch nie die Rede davon, fich einer
folchen Verbindung zu widerfetzen. Ihre einzige Sorge
war, ob das Mädchen, das ihnen gar nicht bekannt war,
brav fei. Sie war Gouvernante und hatte ihre Stelle
der Empfehlung der Herz zu verdanken. Als nun der
junge Mendelsfohn feinen Eltern feine Neigung erklärte,
erinnerten fich diefe, daß die Herz bei Gelegenheit das
Mädchen gelobt habe, und gaben augenblicklich ihre Ein=
willigung zur Verbindung.   In Frankfurt denkt und
handelt man anders! — Mein Geld reicht zwar noch aus
für die Zeit meines hiefigen Aufenthalts, und noch auf
länger; indeffen da ich nicht berechnen kann, wo und wenn
ich welches brauchen werde, will ich mich damit verfehen.
Wolle mir darum eine Anweifung auf 120 Thaler fogleich
hier herfchicken. Es wäre mir n i ch t lieb, wenn diefe
Anweifung auf eines der großen Banquierhäufer die ich
kenne, lautete. Lindenau wird wohl an ein anderes Haus
zu verfchaffen wiffen! Samuel foll den Betrag aus=
bezahlen. — Fouqué ift ein wunderlicher Mann, und ganz
fo wie ich ihn mir vorgeftellt. Ich habe ihn immer ge=
liebt und geachtet in feinen Schriften, ob ich zwar diefe
felbft nicht liebte und gehörig verfpottete. Man erkennt,
daß es die Ergüffe einer gläubigen Seele find. Es ift
fchön aber doch fürchterlich, wenn ein Menfch fo wahn=
witzig felig in einer religiöfen Idee lebt. Geftern be=
fuchte ich ihn, und es dauerte nicht 3 Minuten, fo ftand
er, ohne daß ich den geringften Anlaß dazu gegeben, mitten
im Zauberkreife der alten Ritterzeit, fprach mit Wehmuth
von den Burgen die gebrochen, von Kaifer, von Lehns=
leuten und ein König durfte jedes „Ritterskind heirathen"
u. fo mehr. Er empfing während ich bei ihm war ein
Schreiben vom Prinzen Carl (Sohn des Königs), der ihm
für ein Gedicht dankte, das er ihm kürzlich zur Nieder=

kunft seiner Gemahlin geschickt. Die ehrfurchtsvolle, legitime Freude unseres Donquichottes hättest Du sehen sollen. Er las mir gerührt, aber doch mit einer Preußisch= Majorischen = Wachtparaden = Donnerstimme den Brief vor. Dann beklamirte er das Gedicht und mehrere andere Ge= dichte. Ein schöner Ritter! Wenn er zwei Gläser Wein ge= trunken hat, wird er weich wie Butter und fängt zu weinen an wie ein Kind. Er steht unter dem Pantoffel seiner bößen und reichen Frau, die auch Schriftstellerin ist. [98]) Sie hat die guten Zimmer im Hause, und er muß durch unendlich lange Gänge, durch 2 Küchen, 2 Be= dientenzimmer, mehrere Kammern, reisen, um in sein kleines dunkles Stubierzimmer zu kommen, das nach dem Hofe geht! — Donnerstag d. 27. Merz. Nein, es ist zu arg; nein, es ist gar zu arg! Hat man je gehört, daß eine Braut von Erziehung einen fremden Mann in ihrem Zimmer schlafen läßt! Ich möchte mir die Haare aus dem Kopfe reißen. Tu l'as voulu Georg Dandin! Aber warte nur. Wie man in den Wald hineinschallt, schallt es heraus. Was Du kannst, kann ich auch. Aber Gott behüte mich, daß ich Dich hierher kommen lasse, ich hätte wegen der vielen Garboffiziere keinen Augenblick Ruhe. Und nur zu Intriguen hast Du Verstand, in allem übrigen bis Du dumm. Begreifst Du denn gar nicht, wie so meine Abreise von der Deinigen abhängt? Warum soll ich denn länger weg bleiben, als nöthig ist? Reist Du denn von Frankfurt fort, sobald ich es haben will? Hast Du nicht immer davon gesprochen, daß Du mit der Guste zusammenkommen willst? Was hast Du denn mit Schmidt darüber verabredet? Kannst Du mir zusagen, daß Du um die Mitte Mai's am Rhein sein wirst, dann verlasse ich in der Mitte April Berlin und reise noch 4 Wochen. Wirst Du aber Frankfurt später verlassen, dann bleibe ich länger hier. Hier bin ich einmal eingerichtet, habe viele Bekannte und wie zu Hause. Anderswo aber werde ich ohne Dich nicht lange Geduld haben. Ist es Dir denn nicht möglich, schon am 1ften Mai am Rhein zu seyn? Dann reise ich gar nicht weiter, sondern gehe von hier unmittelbar an den Ort der Verabredung. Geht das nicht in Deinen Kopf hinein? Ich will die Fragen beant= wortet haben: soll es von mir abhängen zu bestimmen wo und wann wir zusammenkommen? Oder hängt das von Guste ab? u. A. w. g. — Verlaß Dich doch darauf, daß ich das Dampfbad nicht gebrauchen werde, was auch der Stiebel an Caspar geschrieben haben mag. — Ich meyne doch, ich hätte Dir geschrieben, daß Du das Logis bei Worms mit Ende Februar aufgeben sollst (nehmlich ohne die Schlafstube). Daß Du meinen Brief flüchtig gelesen, kostet mich 20 fl. Jezt muß der Monat Merz auch be= zahlt werden, also statt 100 fl. (vom October an gerechnet) 120 fl. Die 20 fl. kannst Du aus Deinem Beutel be= zahlen, ich bezahle sie nicht. — Vergiß nicht an die Tassen und mein Bild. — Der Humbold ist an der Tagesordnung. Die großen Städte sind sich alle ähnlich. Die Mode be= herrscht Geist und Herz. Keine der hunderte von Damen, die H. Vorlesungen besuchen, würden um alles in der Welt nur eine Stunde versäumen, und dennoch sind viel= leicht keine funfzig darunter, welche die Sache selbst interessirt. Meine gute Herz besonders, die ohnedies nicht viel Kopf hat, faßt gar nichts, was dem 19ten Jahr= hundert sein Daseyn verdankt, und doch glaube ich, würde sie lieber ihre 64 Jahre eingestehen, als gestehen, daß ihr H. Vorlesungen keine Freude machen. Gestern war ich dabei, wie sie mit einem sehr reifen Fräulein von dem Ursprung des Menschengeschlechts sprach, und was Steffens und was Humbold darüber meyne. Die

Herz war für Steffens, das Fräulein für Humbold. Ich
biß mir die Lippen zusammen. Es war eine Scene, der
Bearbeitung eines Molieres würdig. Gott weiß, für
welche meiner Sünden ich immer unter alte Weiber ge=
rathe. Was denkst Du wie alt die Mariane S. sei? Du
bist ein Rotznäschen dagegen. 42 — sage zwei und vierzig —
Jahre! Ihre Schwester Julie ist 40 Jahre alt und deren
Mann 30. Es war gestern große Bestürzung bei ihnen.
Das neugebohrene Kind, das unreif zur Welt gekommen,
war im Sterben und wird wahrscheinlich jezt todt seyn.
Als die Heyse niedergekommen, legte sie ihre beiden Finger
auf ihre zwei Augen, um pantomimisch zu fragen, ob
das Kind beide Augen habe. Sie fürchtete, es möchte
wie die Mutter nur eins bekommen. — Hat denn Reinganum
nichts erfahren, wie es mit meinem Theater=Prozeß steht.
Und wie geht es mit dem seinigen? — Deine 7 Oblaten
haben mich heute wieder in Verzweiflung gebracht. Einige
der nöthigsten Worte konnte ich nicht lesen. — Über die
Heiratsverhältnisse bekomme ich aus der besten Quelle,
durch Vermittelung der Herz, Bescheid; nehmlich von dem=
jenigen Beamten im Ministerium, der allen Geistlichen An=
gelegenheiten vorsteht. Ich werde auf meine schriftlichen
Fragen schriftliche Antworten bekommen. Mein Bericht
fing an: „Der Mann ist 40 Jahr alt, die Frau etwas
mehr oder weniger etc." — Adieu!*) — — — —

Charles.

Nr 16 erhalten.

16)   Berlin den 1. April (Dienstag) 1828.
     Liebes Bärbelchen, Du machst sehr dumme Streiche.
Es ist auch sehr natürlich, denn ich habe Deinen Kopf
mitgenommen, zum Unterpfande für mein Herz, das ich

---

*) Hier sind zwei Worte unleserlich gemacht.

bei Dir zurückgelassen. Vorgestern habe ich keinen Brief
gehabt und gestern auch nicht. Der Himmel wolle ver=
hüten, daß er auch heute ausbleibe. Ich erinnerte mich
erst spät, daß Du es mir vorhergesagt. Du hast mir
etwas geschrieben von Briefe kreuzen, was Du vermeiden
wolltest. Aber lieber Dummkopf, wie ist das möglich?
Wollten wir immer jeder die Antwort auf den lezten Brief
abwarten, könnten wir uns nur alle acht Tage schreiben.
Weil Du nur durch Beispiele zu belehren bist, habe ich
vorgestern und gestern auch nicht geschrieben. Das ist eine
Zärtlichkeit! Das ist ein Wetteifer in der Liebe! Ich
habe ohnedies mit Dir zu zanken. Ich komme darauf zu=
rück, daß ich es gar nicht verschmerzen kann, daß ich durch
Deine heillose Nachläßigkeit um 20 fl. komme, die ich
einen Monat unnöthige Miethe für meine Wohnung be=
zahlen muß. Sehe nur meine Briefe nach und da wirst
Du finden (wahrscheinlich in Nr. 10) 94) daß ich Dir ge=
schrieben, Du sollest mit Ende Februar das Logis auf=
künbigen. Nun Du hast eine reiche Mutter, Du kannst
es bezahlen. — Meiner Schwester habe ich schon längst
geantwortet. Über unsere Verhältnisse sagte ich kein Wort,
sondern sprach blos von ihrem Sohne und war überhaupt
sehr kurz. — Sehe doch nach, liebe Mama, ob ich meine
große Schnürschuhe nicht in Frankfurt zurückgelassen?
Sind sie da, dann stehen sie im Kleiderschranke auf der
Hausflur. Ich meyne aber, ich hätte sie mitgenommen.
Fort sind sie. — Berlin kann man mit Paris vergleichen;
aber daß man es vergleichen kann, was einem bei einer
kleinen Stadt, wie Frankfurt, gar nicht einfällt, das macht
es eben so lächerlich. Wie ein Zwerg der sich auf die
Zehen stellt, und doch dem Riesen neben ihm nicht bis an
den Bauch geht, so nimmt sich Berlin neben Paris aus.
Aber an Schauspielen fehlt es nicht. Alle Tage drei,

zwei Deutsche und ein Französisches. Dann, de Bachs
Kunstreutergesellschaft, Jongleur, Diorama, Conzerte, und
ein vortrefflicher Taschenspieler Bosco. [94a]) Ueber diesen
leztern habe ich mich neulich öffentlich blamirt. Beim
Restaurateur allein an einen Tischchen sitzend, sezt sich ein
Franzose mir gegenüber. Er schneidet sein Brödchen auf
und da fällt ein ganzer Teller voll Dukaten heraus. Er
stellt sich verwundert, läßt sich vom Garçon ein anderes
Brod geben, dann noch eins und aus jedem fallen Dukaten.
Ich war vor Erstaunen ganz außer mir und rief ganz
laut den Kellner und schrie: aber mein Gott, was soll
das bedeuten? Endlich aber spät, fiel mir ein, daß ich
es mit einem Taschenspieler zu thun hatte. Ist das nicht
eine Schande und ein Spott für die ganze Nation?
Solche Gaukler pflegen sich immer die größten Dummköpfe
zu wählen, um ihre Kunststücke an ihnen zu zeigen. —
Gestern Abend wohnte ich im Schauspielhause einem
großen vollständigen Conzerte bei, wo das Orchester aus
80 Trompeten bestand. [94b]) Es war nehmlich die Militair-
musik. Das Piano war merkwürdig; wie aber die Damen
das forte ertragen konnten, das begreife ich nicht. Zum
Schlusse sangen die Militärwaisenkinder ein God save
the king, begleitet von allen diesen 80 Trompeten, das
war, wie überhaupt das ganze Conzert, wunderschön. —
Ich will Dir doch ein wenig von den Preißen der hiesigen
Lebensmittel erzählen. Es ist theurer als in Frankfurt,
doch höchstens um ein Viertel. Eine Wohnung wie wir
sie brauchen würden (ohne Möbel) kostet jährlich 380 fl.,
eine möblirte 100 fl. mehr. Butter, Caffe u. Zucker
sind theurer als bei uns. Die übrigen Küchensachen von
gleicher Wohlfeilheit. Die Gartenzucht ist hier in großem
Flor. Es war noch harter Winter als ich ankam und ich
hatte damals schon alle neue Gemüse gegessen, Bohnen,

Spargel, Erbsen, und (erhaltene) Trauben, wie im Herbste. Wein, die Flasche 12 Batzen, von gleicher Güte als in Frankfurt. Man hat auch wohlfeileren, der aber nicht trinkbar ist. Ich weiß den Preis des Holzes nicht, man braucht aber weniger für Heizung als bei uns, weil die Öfen so zweckmäßig eingerichtet sind, daß man den Tag über nur 2 Mal einzulegen braucht. Equipagen, ein klein wenig wohlfeiler als bei uns. Die Miethwagen sind sehr elegant, und die Kutscher haben Livree. Theater: 1ste Rang Logen 1 Thaler. Frauenzimmer können aber auch Parterre gesperrte Sitze nehmen für ⅔ Thaler. Conzerte 1 Thlr. Der Luxus im Damenputz ist nicht so groß als in Frank=furt. Zu Thee, etwas Fleisch, und einer Flasche Wein, kann man Abends die beste Gesellschaft einladen. Wein ist schon vornehm, und guten Bekannten sezt man ihn nicht vor. — — Himmlisches Bärbelchen, ich habe mich halb todt gelacht über Deine Nr. 17. die ich so eben er=hielt. Unvergleiche Frau Schmelzle, ich bin zehenfach der Ihrige. Der Börne, der halb der Julie halb der Mariane gehört, das ist der rechte Börne nicht, das ist der falsche, heuchlerische, schmeichlerische, — der ächte, ge=hört ganz seinem Bärbelchen. Nicht einer Deiner Briefe ist mir gestohlen worden; so poetisch sind die Berliner Diebe nicht. Sei doch nur ohne Sorge wegen meiner Reise, ich werde alles aufs bequemste, sicherste, und ge=sundeste einrichten. Ich kenne hier einen General; wenn ich den schön bitte, giebt er mir sein Regiment mit, bis über den Nürnberger Moorgrund hinaus. Aber wohin ich reisen soll! Ich schwanke wie ein Rohr hin und her. Wenn Du schon Ende Aprils mit Guste zusammenkömmst, habe ich zum Reisen keine Geduld. Hamburg und seine Gegend, und besonders Dresden ordentlich zu sehen, das kostet allein 3 Wochen Zeit. Ich lasse vielleicht das Alle seyn, und komme gleich zu Dir, jedoch auf jedem Falle einen andern Weg, als den auf der Herreise einschlagend. Also schreibe mir so bald als möglich, wann Du weggehst und wohin? Ehe ich das weiß, kann ich keinen Plan machen. Der Rhein wäre mir am liebsten, wegen Ems. Aber es müsse in der Nähe von Mainz oder Bonn seyn, wegen des Calderons.[95]) Wie freue ich mich auf mein gutes Bärbelchen. Einige Tage laß ich Dich mit der Guste allein, um Dich mit Dir auszusprechen. Kömmt sie denn nicht mit ihrer Mutter zusammen? — Bei meinen Abschiedsvisiten werde ich fahren, auch die Besuche nicht an einem Tage machen. Einpacken lasse ich von meinem Bedienten, werde ihm aber dabei auf die Finger sehen. — Wenn Du weggehst, darfst Du nicht vergessen, als von meinen Sachen mitzunehmen, was mir nöthig seyn dürfte. Erstens die Manuscripte, dann Sommerkleider, (Überrock, Beinkleider,) eine grüne Mütze etc. Ich überlasse das Deiner Beurtheilung. Auch bleibt es Deiner Entscheidung, ob meine Sachen in einem gemietheten Zimmer bei Worms bleiben sollen, oder ob Du ein Gewölbe dazu miethen willst. In jedem Falle mußt Du vor Deiner Abreise dafür sorgen, daß meine Bücher und sonstige Effecten, die ich nicht gleich brauche und die Du nicht mitnimmst, gehörig einpacken lässest, und zwar solcher Art, daß sie zu seiner Zeit versendet werden können. Was machst Du denn mit meinem Gelde? Und mit Deinem? Du hast mir darüber noch nichts geschrieben. Bedenke was Du thust und laß Dir rathen. — Empfehlungen von Schmidt nach Nürnberg, Hannover wären mir recht lieb. Thäte er es gern? Ich müßte für beide Orte haben, weil ich noch nicht weiß wohin ich gehe. Er mag dann auf einem offenen Papier mich mit wenigen Worten an seine Freunde empfehlen, deren Verzeichnis er darunter sezte. Wenn ich auch keine der beabsichtigten Reisen mache, so gehe ich auf jeden Fall doch über Magdeburg, Cassel und von da ent= weder über Gießen und Coblenz, oder über Cölln an den Rhein. Wo Du auch hingehst, sorge nur für eine schöne Gegend, für die Nähe einer Stadt, und für ein freund= liches Stübchen für Deinen Carl. Über die Politik wollen wir mündlich sprechen. Mir ist darüber das Herz so voll, daß ich es in einem Briefe doch nicht entleeren kann. Es geht himmlisch zu, besonders in Portugal und ich schwimme in Vergnügen. Das erste was ich thue, wenn ich Dir wieder zur Seite bin, daß ich etwas über Berlin schreibe. [96]) Aber im Vertrauen, Dein faules Karlchen hat noch wenig gesehen, und ich muß das schnell noch alle abmachen. Über= haupt habe ich jetzt die größte Lust mich zu produziren, da ich weiß, wie begierig in Berlin meine Sachen gelesen werden. Das spornt doch meine Eitelkeit mehr an, als der Beifall des Frankfurter Publikums es vermochte. Du sollst noch Freuden an mir erleben. Romane werden ge= schrieben, zehen Bände dick; Novellen die artigsten von der Welt; sehr geistreiche Schifferchen [97]) und andere schöne Sachen. Sorge nur, daß ich in unserer Sommer= residenz den Calderon bekomme, denn ohne den Calderon kann ich nichts machen. Aber ganz im Ernste, wenn ich nur ein Dutzend solcher Charaktere kennen lernte, wie ich hier erst einige kennen gelernt, würde ich vielleicht noch einen Roman zu Stande bringen. Ich habe auch hier die Zeit nicht gehörig benutzt. Im ganzen kenne ich nur 10 bis 12 Häuser, und regelmäßig besuchen thue ich nur 5. Zwei Monate ist freilich eine kurze Zeit in einer so großen Stadt. Und wie viel war ich zu Hause. Eigentlich bin ich ein Stück Möbel; ich bleibe gern im Zimmer und rühre mich nicht. Bin ich ein schön stück Möbel? Der Nürn= berger Moor = Grund geht mir im Kopfe herum, daß

ich vor Angst nicht weiß, was ich schreibe, und der Schnurr=
bart sah heute absonderlich fürchterlich aus — wie
Rinaldo Rinaldini.*) — — — — — — — — —
— — — —

Dein treuer Charles, Dein „lieber Börne".

---

17)   Berlin Charfreitag d. 4. April 1828.

Nun, das ist wieder ein süßer, himmlischer, Bärbelchens=
Brief. Zuerst das nöthigste. Über das Heirathen im
Preußischen habe ich folgendes erfahren. Wenn man sich
im Rheinpreußen oder sonst an einem kleinen Provinzialort
des Landes trauen läßt, muß man an seinem Wohnorte
aufgeboten werden, also wir in Frankfurt, was also
natürlich nicht gut angeht. Wenn man sich aber in einem
Hauptort copuliren läßt, wie in Breslau, Berlin, an einem
Orte nehmlich, wo eine Ober=Regierung ihren Sitz hat, ist
jener Umstand nicht nöthig — unter der Voraussetzung
nehmlich, daß man sich erklärt, sich im Preußischen nieder=
lassen zu wollen. Was unterm letzterem zu verstehen sei,
habe ich noch nicht erfahren, man wird mir das weitere
darüber berichten. Indessen ist dieser preußische Plan, nur
für den Nothfall, wenn es anderswo ohne Umstände nicht
gehen sollte. Vielleicht aber geht es leichter als wir denken.
Wo aber einen Ort finden, wo es keine Juden giebt?
Empfehlungen an einen Pfarrer am Rhein werden nichts
nützen, da im Lande alles nach den Gesetzen streng gehalten
wird. Jezt von der Reise. Ich werde weder nach Ham=
burg noch nach Dresden reisen. Wer gäbe mir Geduld?
Ich gehe unmittelbar von hier nach Cassel und von da

---

*) Einundeinhalb Zeilen unleserlich gemacht.

über Wezlar nach Coblenz. Bei Mendelssohn habe ich
mich schon erkundigt. Bei Coblenz ist nichts zu vermiethen.
Du erinnerst Dich ja, daß wir uns dort schon umgesehen,
daß wir keine passende Wohnung gefunden, ja daß es uns
nicht einmal dort gefallen hat. Kannst Du Dich denn
nicht entschließen wieder in Rüdesheim oder in Godesberg
zu wohnen, oder sonst im Rheingau? Noch etwas. Gustens
Eltern, hoffest Du, werden die Tochter besuchen. Wäre
nicht besser, wenn das gleich in Obernburg abgemacht
würde, daß sie nicht nöthig hätten am Rhein zu uns
zu kommen und wir in der Wahl unseres Aufenthalts,
und dessen Nähe zu Frankfurt weniger genirt wären? Gehst
Du denn auch nach Obernburg? — Übereile Dich auch
nicht und strenge Dich nicht an mit Packen und Besorgen
in Frankfurt. Du hast allerdings viel zu thun. Mein
Geld unterbringen. Willst Du mir nicht zuvor Deinen
Plan darüber mittheilen? Meine Bücher einpacken. Ver=
gesse ja nicht meine Manuscripte und meine Berliner
Briefe mitzunehmen. Deine eigenen Angelegenheiten
ordene der Art, daß Dir aus der Entfernung alles weiter
besorgt werden kann. — Ich mache mich also nach und
nach fertig und reise von hier ab, sobald das Wetter gut
wird. Jezt ist es sehr kalt und es schneit oft. Ich hoffe
aber das dauert nicht lange und es ist der lezte Winter=
zorn. Sei nur ganz ruhig. Ich schwöre Dir, daß ich
bequem, sicher und gesund reisen werde. — Vergesse Deinen
Paß nicht, lasse ihn ausstellen nach den Deutschen
Bundesstaaten. — In Cassel werde ich mich 8 Tage
aufhalten. — Die Schlüssel zu meinen und Deinen Kisten
und Koffern, die in Frankfurt bleiben, mußt Du durch
daran hängende Zettel, bezeichnen, zu welchen Kisten sie
gehören und sie auch in Frankfurt lassen; denn wenn wir
uns zu seiner Zeit unsere Sachen nachschicken lassen, muß

der Fuhrmann die Schlüffel mitnehmen, um fie an der
Mauth öffnen zu können. Wollen wir unfere Pferde ver=
faufen, oder fie mitnehmen? Ich meyne, das erftere wäre
beffer. — Ja, liebs Bärbelchen, als ich Dich fennen lernte,
da — — — —.*) Du bift aber beffer als alle Fürften
und ihre Minifter, Du bift mit der Zeit fortgefchritten.
Ift das Verläumbung, daß ich diefes öffentlich erflärte, ift
es nicht vielmehr ein fchönes Lob? Bedenfe. — Der
Dr. Meyer ift ein Schinbluder. Du fannft ihm das fagen
in meinem Namen. — Ich werde Mittag Humbold und
Hegel bei Tifche finden. Lezteren habe ich noch gar nicht
gefehen. — — Wie dumm bin ich wieder geftört worden!
Aber ich mache mir nichts daraus. Ich habe zu nichts
mehr Gebuld, nicht einmal Dir zu fchreiben. Wenn nur
das Wetter bald gut würde, daß ich abreifen könnte.
Eben fchneit es wieder. Aber das Klima hier muß mir
befonders gut feyn; denn ohngeachtet des veränderlichen
Frühlingswetters, habe ich, feit ich hier bin, nicht im ge=
ringften gehuftet, und habe nach oft Stundenlangem
fprechen nicht die geringfte Befchwehrde auf der Bruft ge=
fühlt, was doch feit einigen Jahren anderswo immer der
Fall war nach anhaltendem Reden. Aber jezt fpüre ich
etwas, nicht auf, fondern in der Bruft; ich glaube aber
es ift Sehnfucht nach meinem lieben Bärbelchen. Ich
hoffe wir fehen und zanken uns bald, daß meine Liebe
fich minbere, denn — Glüf ohne Ruh' Liebe hift Du!
Bin ich aber nicht ein recht einfeitiger Menfch, daß ich
nichts liebe als Dich? Darum ift auch mein Brief ein=
feitig. Darüber darfft Du Dich nicht, aber nicht beflagen,
denn wiffe, daß eine meiner Seiten fo viel enthält, als
drei der Deinigen. Abieu. Madame Börne. Ich füffe

*) Einige Worte unleferlich=gemacht.

Deine Hand auf die allerzärtlichste Berliner Weise. — Gruß an die Schwägerin Schnapper.

Charles.

18)   Berlin. Ostermontag d. 7. April 1828.

Ich habe gestern Deinen kleinen, lieben Krüppelbrief erhalten. Krüppel für Krüppel. Wie bescheiden Du bist, wenn Du glaubst, 120 Thaler könnten mir nur eine Deiner Zeilen ersetzen. Den Brief an Lindenau konnte ich gestern nicht abgeben, weil jüdische Feyertag waren. Ich werde es heute. Hättest Du Dir nur ordentlich sagen lassen, ob es eine eigentliche Anweisung ist oder wie es sich sonst damit verhält. — — — — — — — — — —*) Ich fürchte, mit der Hinkelschen Hypothek wird es nichts; denn wenn jemand auf ein neu zu bauendes Haus Geld nimmt, so sorgt er schon früh dafür. Und kann ich denn Hypothek bekommen, da ich nicht Bürger bin? Jezt aber Bürger zu werden, ist für mich bedenklich, weil dieses das Heirathen im Auslande sehr erschwehren würde. Rein= ganum hat Unrecht, wenn er meint, am Rhein wären die nehmlichen Verhältnisse als in Berlin; ich habe in meinem lezten Briefe über den Unterschied gesprochen. Auch habe ich keine Advokatenkenntnisse nöthig, um diese Sache ge= hörig zu erforschen, denn es kam hier ja nicht darauf, welche Förmlichkeiten zu beobachten wären, sondern welche n i c h t zu beobachten sind. Bei uns kam es darauf an, ob die übliche Heirats=Erlaubnis der Eltern, und das Auf= gebot im Geburtsorte vermieden werden kann, und der Mann der mir hier b e j a h e n d Auskunft gab, ist der

---

*) Einige Worte unleserlich gemacht, so daß auch die stehen gebliebenen unverständlich geworden sind.

Direktor im Ministerium der geistlichen Angelegenheiten, der das Alle am besten wissen muß. Übrigens wäre es freilich sonderbar, wenn wir deswegen nach Berlin müßten, und das soll hoffentlich vermieden werden können. Es giebt überall Pfarrer, die für Geld und gute Worte ein Auge zuthun. Die Herz sagte mir, daß sie selbst hier in Berlin einen Pfarrer kenne, der gegen Bezahlung einen ohne Weiteres traue. Das schlimme ist nur in solchen gesetzwidrigen Fällen, daß die Copulatian nicht ins Kirchen= buch eingetragen wird. Das wäre Dir, glaube ich, ganz Recht. Dann könntest Du, sobald Dir die Luft ankäme, (etwa wenn ein Hans erschiene) läugnen, daß Du meine Frau wärest, und du liefest in die weite Welt und ließest mich armen Teufel sitzen. Nein, schwarz auf weiß muß ich haben, im Kirchenbuche muß ich stehen. Das giebt mir das recht, Dir zu befehlen, Dich zu zanken, einzusperren, und wenn es Noth thut auch zu prügeln. Welche para= biesische Aussichten eröffnen sich Dir! — So mit dem Rhein ist es recht. Von Frankfurt aus Logis bestellen, ist lästig und unsicher. Ich werde wohl hier nicht mehr bestimmt erfahren können wann Du abreist. Das schadet aber nicht. Ich werde das in Cassel oder an einem Orte erfahren, und mich dann dem Rheine nähern, sobald die Zeit Deiner Abreise kommt. Wenn das schlechte Wetter aufhört, reise ich den 15. von hier weg. Du schreibst mir natürlich so lange nach Berlin, bis ich es abbestelle. — Was hier die Menschen fromm, wie angefüllt die Kirchen sind, das sah ich in diesen Ostertagen; es ist unglaublich. Einen Tag vor Ostern, ging ich mit der Herz die Treppe ihres Hauses herab, da begegnete ihr eine Familie, Mutter, Töchter, Vater, Söhne, die im nehmlichen Hause wohnte, und die eben heimkehrten. Die Herz sank einer nach der Andern schweigend um den Hals, man küßte sich und

flüsterte einige leise halbgeseufzten Worte. Alles war so
still, so traurig, so thränenvoll, man schied endlich so be=
kümmert, still und schweigend. Ich fragte die Herz: es
wäre wohl im Hause jemand gestorben? Keineswegs.
Was war's? Die Familie kam vom Abendmahl. Und die
fromme Dame mit ihren Töchtern war doch keine Andere,
als die erste geschiedene Frau des Dichters Zacharias
Werners,⁹⁸) die in der Lebensbeschreibung dieses Mannes
gar nicht als eine Heilige erscheint. Sie trat später von
der katholischen Religion zur protestantischen über, und
heirathete ihren jetzigen Mann, einen Staatsrath. — Wie
geht es denn meiner Freundin Carl? Man soll doch über
nichts lachen, weil es einem neu ist! Das kam mir immer
so komisch vor, daß mir die Carl, wo sie mich traf, die
Hand reichte, selbst an öffentlichen Orten und es sezte
mich in Verlegenheit. Das ist aber allgemeine Sitte in
Berlin. Die Damen geben den Herren ihrer Bekanntschaft
beim Kommen, Gehen und begegnen die Hand. Ach, und
wie oft wurde die meinige zärtlich gedrückt. Du glaubst
es gar nicht, liebes Bärbelchen, welch ein Glück Du an
mir machst. Wie würdest Du hier als meine Frau be=
neidet werden! Wahrlich, ich fürchtete mich Dich her zu
führen, Du armes Kind wärest Deines Lebens nicht sicher.
Trauriges Loos der Größe! — Habt Ihr Charfreitag in
Frankfurt ein Oratorium gehabt? Hier wurde unter
Zelters Leitung von der Singakademie der Tod Jesu von
Graun aufgeführt.⁹⁹) Es überraschte mich den alten
Mendelssohn an der Kasse mit dem Verkaufe der Billette
beschäftigt zu sehen. Das thut er alle Jahre aus Ge=
fälligkeit für den alten Zelter, und giebt ihm jedesmal
50 Thaler dazu und läßt seinen Sohn Felix und seine
Töchter mitspielen und singen. — Habe ich Dir denn schon
erzählt, daß ich Dein zart Bettchen, hier als Kopfkissen

gebrauche? Ich schlafe so süß wie ein Kind darauf. Alles was Dich je berührte, hat eine einschläfernde Zauberkraft. Und von Deinen guten Anisplätzchen habe ich auch noch. Erst heute Morgen habe ich zu einer Tasse Chocolade davon gegessen. Gruß an die Ochsen und an die Kraus und an alle vom lieben Dr. Börne. Ich küsse Dir aufs zärtlichste die Hand.

Charles gebohrne Jeanette.

---

19) Berlin. Donnerstag d. 10. April 1828.

Wie angenehm war ich gestern überrascht schon wieder einen Brief von Dir zu bekommen; ich konnte aber nicht gleich dazu kommen ihn zu beantworten. Aber liebes Bärbelchen, Du füllst ja eine ganze Seite Deines Briefes mit Plagiaten an, indem Du Reichardts Guide de Voyageur ausziehst, den ich ja ganz dick selbst besitze. Du sprichst von Hameln wie ein Hämmelchen und von Paderborn wie ein Peterchen, lauter dummes Zeug. Sprichst Du von Bayreuth sag ich: sei gescheit; sprichst Du von Braunschweig, ruf ich: traun schweig. Das war ein Stück Predigt aus Abraham a santa Clara! Nein, es wird nicht mehr herumgereist ohne Dich, ich gehe den graden Weg nach dem Rhein. Der liebe Börne ist kurz und nicht mehr so gesprächig wie sonst, erstens weil er nachdem der erste Eindruck von Berlin vorüber ist, weniger mehr zu schreiben hat. Zweitens, weil er mit Vorbereitungen zur Abreise beschäftigt, wenig Zeit hat, und drittens, weil er verdrüslich, verdrüslich, verdrüslich ist. Was habe ich nicht immer zu thun, wenn ich mein Lager aufhebe! Hundert geliehene Bücher zurückschicken Wäsche besorgen, Stiefel sohlen lassen, Geld einkassiren,

Abschiedsvisiten, Billets schreiben, bei — — —*) lang=
weiligen Abschiedsthee nehmen. Ach und das Wetter
bringt mich zur Verzweiflung. Es wird alle Tage schlechter.
Was habt Ihr in Frankfurt für Wetter? Antworte
nur noch auf diesen Brief nach Berlin und
dann nicht mehr, ich müßte es denn ausdrücklich
sagen. Nach Hannover werde ich schwehrlich kommen,
und wenn auch, doch nicht mit Schmidts reisen. Das
würde mich und sie geniren. Aber erkundige Dich doch
genau wie lange Schmidt noch in Hannover bleibt, um
welche Zeit er nach Cassel kömmt und wo er dort logiert.
Vielleicht kömmt er grade nach Cassel, wenn ich dort bin. —
Die Wechsel darfst Du nicht in Frankfurt lassen, sondern
Du mußt sie mitnehmen, und zwar darum, weil, wenn
sie fällig sind, oder wieder verkauft werden sollen, sie ja
der Eigenthümer unterschreiben muß. **) — — — — —
— — — — — — — — — — — — — — — — — —
— — Wie ist da zu helfen? Ach Gott, was macht uns
unser Geld für Sorgen! Wäre nicht am klügsten es
durchzubringen? Meine theuren Leinwandhemden, theure
Freundin, werde ich vor dem Einpacken zählen, und Dir
getreu berichten, ob, was ich nicht glaube, eines davon
gestohlen. Beim Einpacken werde ich mit Argusaugen
wachen. Die Einrichtung ist so, daß ich dabei nicht hin
und herzugehen brauche. A propos, Hemden, habe ich
folgendes mit Dir zu überlegen und gehorsamst anzufragen.
So lange wir auf der hohen See der Jugend schiffen, so
lange die Stürme der Leidenschaften uns umherwerfen,
uns bald bis an die Wolken erheben, uns bald in den
Abgrund der Wellen schleudern; so lange ein Seekrankes

---

*) Drei Worte unleserlich gemacht.
**) Fünf Zeilen unleserlich gemacht.

Herz uns taumeln und schwindeln macht; so lange unser
Fuß schwankt und unser Blick irre umherschweift — be=
denken und berechnen wir nicht, wie kostspielig es ist, alle
Tage ein weißes Hemb anzuziehen. Aber ach, in dem
Winter unserer Tage lernen wir rechnen! Nun sind hier
große Etablissements, wo man fertige Wäsche kauft.
Die Preiße sind fix und billig. Die reichsten Familien
kaufen auf diese Weise ihren Bedarf. Man hat dort auch
Chemisetten*) — — — — — Nun wollte ich Dich fragen,
ob ich nicht vernünftig thäte, mir ein halbes Duzend
solcher Chemisetts zu kaufen, um das viele Waschgeld zu
sparen. Man hat das Stück von 1 bis 3 Thaler. Was
sagst Du dazu? U. A. w. g. — Der liebe Börne hat
gestern das erstemal ein Schauspiel und das Schauspiel=
haus gesehen. Was sagst Du dazu? Nach fast zwei
monatlichem Aufenthalte? Ist der liebe Börne nicht ganz
charmant? Devrient¹⁰⁰) ist ein vortrefflicher Komiker.
Ein Lustspiel von Raupach Der versiegelte Bürger=
meister¹⁰¹) hat mich sehr lachen gemacht. Raupach
schreibt viel fürs Theater und gefällt sehr. Man erzählte
mir es stünde, ich weiß nicht in welchem Blatte: „Der
geistreiche und liebenswürdige (!) Dr. Börne, ehemals
Herausgeber der Wage, hält sich gegenwärtig hier auf, und
wird ein eigenes Blatt herausgeben. Dem Vernehmen
nach wird er bald eine junge und reiche Wittwe heirathen,
deren feiner und gebildeter Geschmack, dem Vernehmen nach,
auf die gewandte Feder dieses ausgezeichneten Schrift=
stellers, großen Einfluß üben soll." Was sagst Du
dazu? — Die Mariane S. hat mich neulich mehrere
Novellen lesen lassen, die sie geschrieben. In Wahrheit zu
sagen fand ich sie sehr hübsch. Nun habe ich freilich

---

*) Zwei Worte unleserlich gemacht.

meinen Beifall in schmeichelhaften Worten zu erkennen ge=
geben und mehr gesagt als gedacht. Mein Lob hat sie
ganz berauscht, sie ward ganz roth und erhizt davon. Das
ist ein seltsames Frauenzimmer. Sie lobt sich selbst, und
hört sich mit der größten Naivität loben, ohne was dagegen
einzuwenden. Ich kann es nicht gewöhnliche Eitelkeit
nennen, es ist eine Art katholisches Wesen, eine Art
Sinnlichkeit der Seele, die immer nach Genuß hungert.
Ich mache ihr Schmeicheleien mit grenzenloser Unverschämt=
heit und es hat mir nie bei ihr geschadet. — Den Hegel,
hat das Schicksal beschlossen, soll ich nicht kennen lernen.
Eigentlich liegt mir auch nichts daran, denn er soll in Ge=
sellschaft sehr uninteressant seyn. Aber ich möchte mir von
Dir keine Vorwürfe machen lassen, daß ich einen berühmten
kennen zu lernen versäumt. Nun war ich neulich irgendwo
zu Tische gebeten, wo Hegel auch seyn sollte. Ich hatte
das schon früher erfahren durch einen Bekannten, der ge=
rade dabei war, als der Bediente den Auftrag bekommen,
mich einzuladen. Der Bediente aber war neu und konnte
meine Wohnung nicht finden, und so mußte ich weg=
bleiben. — Geduld, Bärbelchen, wenn ich einmal auf der
Reise bin und eine neue Welt sehe, und vielleicht Berlin
selbst aus der Entfernung mir neu erscheint, dann werden
meine Briefe länger werden. So lang, so lang! Werden
wir uns viel zu erzählen haben? Auf einem Dampf=
schiffe an einem schönen Maitage, müssen wir uns wieder=
sehen. Abieu, Holde, liebe, Gute. Abieu wilder Husar.

Dein Charles.

Nr. 20 erhalten.

20)   Berlin. Sonntag d. 13. April 1828.
Lieber Engel, Deinen Brief Nr. 21, geschrieben den
8. April, hätte ich schon gestern haben können, habe ihn

aber erft heute erhalten. Wie geht das zu? Ach, Gott nein, ungebuldig bin ich nicht, ich möchte nur, wenn Du von Frankfurt weggehft, keinen Tag fpäter mit Dir zu= fammentreffen, als auszuführen wäre. Die Blicke und die Hände find holder und freundlicher als je, und ich werde alle Tage ein lieberer Börne. Meine Abreife wird fich noch um eine Woche wenigftens verzögern und ich komme durch meine Schuld in eine dumme Verlegenheit. Aus einem einfältigen Geiz, ja keine Paar Thaler Miethe zu verlieren, wenn ich früher als Ende April abreifen follte, habe ich es auf übermorgen den 15ten aufgekündigt, und jezt ift es weiter vermiethet und ich muß auf fo kurze Zeit wieder ins Wirthshaus ziehen. Ich war fo verdrüs= lich darüber, daß ich vor einigen Tagen befchloß mich fchnell reifefertig zu machen, um Dienftag abzugehen, da bekam ich unglücklicher Weife nach leichten Zahnfchmerzen ein dickes Geficht, mußte vorgeftern und geftern das Zimmer hüten und werde auch heute noch nicht ausgehen können. Dadurch wurde ich verhindert, die Vorbereitungen zur Ab= reife zu treffen. Die Herz hat mir höchft eigenhändig ein Kräuterfäckchen gemacht, und die Julie, als fie erfuhr, daß ich alte Leinwand fuche, hat fie mir ihren Mann gefchickt, und mir auf ihre witzige Art, alle Lumpereien anbieten laffen, die fie im Haufe habe. Das Wetter fängt übrigens an, gut zu werden. Nach Hannover will ich recht gern reifen, es kömmt nur darauf an, wie lange Schmidt noch dort bleibt? Vielleicht könnte ich erft in den erften Tagen des Mais dort ankommen. Schreibe mir das alfo genau. O Bärbelchen, was bift Du eine fchlechte Geographin! Nach Bremen foll ich reifen, das nur wenige Meilen von Hamburg entfernt ift. Es wäre mir felbft intereffant Hannover kennen zu lernen, und es kömmt alfo darauf an, ob Schmidt nicht zu fchnell von dort abreift. Das

war wirklich ein treffender Witz von Heß. Schreibe mir
doch, wie es mit Kirchners Gesundheit aussieht. Wenn
Dir etwa Lindenau sagt, daß ich von seinem Vater die
120 Thaler noch nicht eingenommen, so erklärt Dir das,
daß ich einige Tage nicht aus war. Es eilt ja nicht.
Das ist ein himmlischer Gedanke zuweilen eine ironische
Lustpartie vom Rhein nach Frankfurt zu machen. Ich
werde dann ganz vergnügt, wie ein steifer Engländer durch
die Straßen gehen und mir die Häuser ansehen. Satan,
willst Du Dir denn das dumme Zeug von einem G ü t ch e n
k a u f e n nie aus dem Sinne schlagen? Wie soll sich das
denn verinteressiren? Ich sehe voraus, das Weib ruinirt
mich. Mendelssohn hat ein großes Gut am Rhein, mit
Waldung, Wiesen, Weinberg, und er sagt mir, es bringe
ihm gar nichts ein. Nur daß er frei wohnt, einige Flaschen
Wein zieht, und Obst zum Einmachen für den Winter. —
Mit meiner Freundin Saaling geht es immer besser.
Wir haben uns wechselseitig ganz förmlich, unsere —
Freundschaft erklärt. Aber das ist doch nur ungesäuertes
Brod gegen Dich. Es giebt keine Person, mit der man
besser einen Roman spielen kann als mit ihr. Sie ist
selbst ein ganz fertiger Roman. Ein wunderliches Gemisch
in ihr von Wahrheit und Dichtung. Und in eine solche
Rolle einzugehen bin ich ganz der rechte Mann. Ich treibe
wahre Styl= und Deklamirübungen mit ihr. Glaube aber
nicht, daß das Heimtücke ist; das macht sich so mit dem
besten Willen, und ob ich gleich ihr aufrichtiger Freund
bin. — Wenn*) Du Dich gut aufführst, und verschwiegen
bist, theile ich Dir auch in meinem nächsten Briefe einige
zwischen mir und Mariane gewechselte Billets mit. Die

---

*) Vorher habe ich eine große Stelle gestrichen.

find wie gedruckt. Anliegendes *) habe ich aus begreif=
lichen Gründen vom Briefe getrennt. Adieu. Engel. Dein
heutiger Brief hat mir besonders Freude gemacht. **)
Charles. Nr. 21 erhalten. Aber warum einen Tag zu
spät. Die Schuld kann nur an Dir liegen. — Schreibe
mir nur unter der gewöhnlichen Adresse hierher. Ich
werde zwar übermorgen ausziehen, mein Brief wird mir
aber gehörig besorgt.

---

21)   Berlin Mittwoch d. 16. April 1828.
    Wir wollen sehen, wer gewinnt, Jeanettchen, wir
wollen sehen, wer die kürzesten Briefe schreiben kann.
Also nicht warten auf Schmidt, sondern allein von Frank=
furt weg. Das ändert aber die ganze Sache. Jezt hätte
ich zu bestimmen, wann und wo wir uns treffen sollen
am Rhein. Das kann ich aber auf dem Wege erst, wenn
ich Berlin hinter mir habe. Auch mache ich mich jezt
fertig, das Wetter ist Sommerlich. Ich denke in Mainz
treffen wir zusammen. Es wäre sehr liebenswürdig von
der Fanny Ochs, wenn sie Dich begleitete. Es würde
mich ganz glücklich machen. Die guten Kraus sind doch
etwas langweilig. Wenn aber weder die Eine noch die
Andere mitgingen, wer dann? Engagire niemand Drittes,
ohne mich vorher um Rath zu fragen. Ich habe hier sehr
meinen Geschmack ausgebildet, ich bin äußerst delikat in
der Wahl der Gesellschaft geworden, und es wird nöthig
seyn, daß ich Dich selbst noch etwas filtrire. Also Dich
jezt in Ordnung gebracht, reisefertig gemacht, und auf=
gepaßt wenn ich kommandire: marsch! — Ich glaube
nicht, daß ich nach Hannover gehe. Wohl nur nach

---

*) Dem Original liegt nichts bei.
**) Hier sind einige Worte unleserlich gemacht.

Magdeburg, und von da nach Cölln oder Coblenz. —
Das Geld von Lindenau ist einkassirt. — Ist es wahr,
daß Ihr Ostern in Frankfurt Schnee gehabt? — Heute
Mittag bin ich wieder mit Hegel eingeladen. Ich hoffe,
daß er mir diesesmal nicht entwischt. — Die Heyse er=
zählte mir, ihre Nichte die Frau von Rothschild, habe den
Dr. Christ als Accoucheur angenommen. Hat das nicht
etwas Neid erregt bei Mappes, Reis?*) — — — Wie
froh bin ich, daß Du mir geblieben. Wirst Du den
Sünder, der reuig zu Deinen Füßen fällt wieder auf=
nehmen?**) — — — — — Und der liebe Börne, läßt
jezt wie ein geschlagener Pudel Schwanz und Ohren
sinken, und duckt sich, und schleicht sich weg. Ist das nicht
artig von der Schickung? Aber Du glaubst es nicht, was
sie für eine Närrin ist. Es läßt sich schriftlich gar nicht
auseinander setzen. Es jammert einen. Die vielen
Schmeicheleien, die sie theils freiwillig bekommen, theils
zu erpressen wußte, haben ihr den Kopf verrückt. Sie
ahndet nicht, daß sie ganz verblüht ist, beträgt sich wie
ein junges Mädchen, und spricht nur von ihrer Kindheit,
nie von ihrer Jugend. Sie versteht einem Weiß zu
machen, daß man sie lieb habe. Göthe hat das treffliche
Wort: Anempfindlerin erfunden. Sie ist eine. Die
Arme, die Unglückliche! In wenigen Jahren ist sie ein
Spott der ganzen Welt, sie ist es jezt schon vieler. Sie
ist ein lehrreiches Opfer der Schwäche und Eitelkeit. Ich
möchte alle junge, schöne Mädchen um sie her versammeln,
und ihnen sagen: Seht, das ist das Loos einer Empfindlerin,
die mit ihrem eigenen Herzen so lange spielte, bis es fiel

---

*) Hier sind einige Worte unleserlich gemacht.
**) Eine nun folgende sehr ausführliche Stelle über M. S. ist
von mir gestrichen.

unb brach, unb mit fremben Herzen, bis fie entrollten unb
nicht mehr zu finden waren. Ich umarme Dich, Bärbelchen,
Du reine, unverführiſche, ſchöne Seele.

Meine neue Wohnung: Franzöſiſche Straße Nr. 53.
Deine Nr. 23 geſtern, habe ich richtig in meiner jeztigen
Wohnung erhalten.   Charles Dupe.

Heute habe ich zum erſtenmale kein Feuer.

---

22)   Berlin. Freitag. 18 April 1828

Wir ſchreiben Briefe, wie zwei rechte müde Gäule, die
ſich in den Stall ſehnen. Mich hält eigentlich hier nichts
mehr zurück als die Faulheit meine Sachen in Ordnung
zu bringen, Abſchiedsbeſuche zu machen u. dergl. Das
Wetter iſt gut. Du irrſt ich aber, wenn Du glaubſt,
ich ſei aus Unbeſtändigkeit Berlins überdrüſſig geworden.
Es gefällt mir immer noch. Aber ſo lieb es mir iſt, biſt
Du mir denn nicht noch lieber? Und wie ſollte ich
nicht ungebuldig werden, wenn unſer Zuſammentreffen ſo
nahe iſt. Nach Hannover kann ich auch jezt nicht mehr,
ſelbſt wenn ich wollte. Du verrechneſt Dich ganz in der
Zeit. Reiſe ich gegen das Ende künftiger Woche von hier
ab, und bleibe nur wenige Tage in Magbeburg, Caſſel —
wird es Mitte Mais bis ich an den Rhein komme. Ich
reiſe ja langſam mit dem Hauderer. Auf dieſen Brief,
kannſt Du mir immer noch hierherſchreiben, das wird aber
gewiß der lezte ſeyn. — Nicht zu vergeſſen. Packe einige
Betttücher u. Handtücher zu meinem Gebrauche für Ems
ein. Wenn es noch Zeit wäre, möchte ich gar zu gern,
daß Du mir 2 Badehemben von Leinwand beſtellteſt. Du
weißt Du wie ſie gemacht werden? Sehr lang und weit
u. weite Ermel, u. vorne offen. Die Leinwand braucht
nicht von der feinſten zu ſeyn. Solche Badehemben ſind

zum Abtrocknen sehr bequem. — Auf eine meiner wichtigsten Fragen hast Du mir nicht geantwortet. Sind meine B e n d e l = f ch u h e in Frankfurt, oder sind sie mir hier gestohlen worden? Wenn lezteres schreibe mir's, damit ich von hier welche mitnehme, denn in Ems kann ich solche, Morgens an den Brunnen u. ins Bad zu gehen nicht entbehren. — Wenn Reingamus 2000 fl. oder eine dem nahe kommende Summe nähme, dann wäre er so niederträchtig als sein Bruder. Tausendmal lieber gar nichts. Wenn ich zurück= komme, lasse ich mich durch nichts, und auch von Dir nicht abhalten, etwas von Rgn. u. meiner Erbgeschichte in das Morgenblatt zu bringen. Ich werde das schon anzuknüpfen wissen.*) — — — — — — — — — — —
— — — — — — — — — — — Der Taschenspieler der mich für einen Dummkopf angesehen, ist ja der nehm= liche, der auch hier den Streich mit dem Bauer gemacht. Ich habe Dir das zu schreiben vergessen. Zu einem Romane hätte ich wirklich große Lust. Aber mein Gott wie viel fehlt mir dazu, wie viel Talent, wie viel Stoff. Ich bin aber jezt zu diesem Zwecke sehr aufmerksam auf meine Bekanntschaften. Die M. S. ist ein Studium, ich lese sie und durchblättere sie wie ein Buch. Das ist ihr Glück, sonst mißfiele sie mir im höchsten Grade, ja täglich mehr. Wie nöthig ist doch den Weibern Verstellung, Be= kleidung. Wie häslich ist es wenn sie sich zeigen, wie sie sind. Nie ist mir ein Frauenzimmer vorgekommen, das so unbesonnen, so leichtsinnig, so taktlos — ich muß das harte Wort gebrauchen so s ch a m l o s wäre. Doch hoffe ich, Du werdest das nicht misdeuten, und den Ausbruck nicht im gewöhnlichen Sinn nehmen, sondern im mahlerischen, wie ich ihn mir gebildet. Wenn die Fanny Ochs mit Dir

---

*) Hier sind drei Zeilen unleserlich gemacht.

an den Rhein käme (im Vertrauen, ich möchte sie im Ge=
heim abkonterfeyen) würde ich Euch vier Wochen lang von
der M. S. unterhalten können. — Sey nur ruhig, ich
will keine Wäsche kaufen, ich erschrecke vor Deinem Mord=
spektakel, ich fürchte Dich mehr als den Teufel. — Noch
einmal meine Adresse: Französische Straße 53. Ich
wohne im nehmlichen Hause als Robert. So sehr mis=
fällt mir die schöne Madame, daß ich während meines
hiesigen Aufenthalts erst zweimal den Abend bei ihr zu=
gebracht, und daß ich, seit ich im Hause wohne, sie noch
gar nicht besucht habe. Von Robert sagte mir neulich
Einer, was ich früher gesagt, nur noch besser. Er sei: ein
ausgebrannter Krater, der nie gebrannt habe. — Neulich
war ein Erdbeben hier in der Nacht. Als ich Morgens
aufwachte, lag meine Nachtmütze auf der Erde, die mir
der Erdstoß vom Kopfe geworfen hatte. Dein treuer
Charles und lieber Börne. Nr. 23 erhalten.

---

23)   Berlin Montag 21. April 28.

Ich küsse Dir aufs Zärtlichste die Hand, theure
Freundin, für die Piquewesten die Du für mich hast
machen lassen. Auch soll der erste Dintenflecken den ich
darauf mache, Dir gewidmet seyn. Ich will es abwarten,
ob ich zu Hannover noch Neigung bekomme, ich glaube
es aber nicht. Ich denke Ende dieser Woche abzureisen.
Schreibe mir nicht mehr nach Berlin. Es wäre
freilich verdrüslich, wenn ich, einige Tage länger hier=
bleibend, Deine Briefe entbehren müßte, aber so ist es
mir immer noch lieber, als wenn einer Deiner Briefe mich
hier nicht mehr träfe. Schreibe mir nach Empfang dieses,
Postrestant nach Magdeburg. Ich werde Dir in
den gewöhnlichen Zeitfristen schreiben, also wahrscheinlich

Donnerstag noch einmal von Berlin. Du aber schicke mir, außer dem einen Brief nach Magdeburg, keinen andern, bis Du weitere Nachricht von mir bekömst. — Vor der Anzeige im hiesigen Wochenblättchen hättest Du Dich nicht zu ängstigen. Das kömmt nicht nach Frankfurt und wird auch hier nicht gelesen. Es erscheinen täglich wenigstens 12 Blätter davon, und da ist man unter Austern, Gänse=brüsten, Steckbriefen, Auktionen, und hundert tausend andern Anzeigen so versteckt, daß uns keiner fände. Es ist kein Wochenblättchen wie das Frankfurter, es ist ein Buch. — Was hatten wir drei Nächte hinter einander für schreck=lichen Gewitter![102]) Ich habe so etwas noch nicht erlebt, ich meynte die Welt würde untergehen. Beim Gewitter das Freitag Abend statt fand, hatte ich auch noch ein artiges Abendtheuer, das zwar romantisch war, aber gegen alle Aesthetik zugleich antik, denn es begegnete mir, mit einer alten Frau, mit der 55jährigen Varnhagen. Wir fuhren um 11 Uhr Nachts aus einer Gesellschaft nach Hausse, in einem Regen der einer Sündflut glich. Die Straßen waren überschwemmt, das Wasser, das nicht schnell genug ablaufen konnte, bildete Seen und Flüsse, und die Strömung war so stark, daß der Kutscher Mühe hatte, durchzukommen. Es war ein halber Wagen vorn ohne Leder, und der Wind trieb uns den Regen ins Gesicht. Wir wurden durchnäßt als wären wir zu Fuße gegangen. Jetzt plötzlich geschah ein Donnerschlag — ich glaubte es wäre einer — es war aber das Krachen des Wagens, der gebrochen und umgefallen war. Da lagen wir, in dem fürchterlichen Wetter, und über und unter uns nicht als Wasser. Wir mußten aussteigen, die Varnhagen hatte ganz den Kopf verlohren, und ich wollte mich zu tobt lachen. Wir suchten das erste beste bekannte Haus auf, schellten die Leute heraus die schon schliefen, und da zog

sich die nasse Hexe in meiner Gegenwart von Kopfe bis
zum Fuße trocken an und ich sang: was hab ich gesehen,
was hab ich gesehen! — Vergangenen Freitag war hier eine
große Feyer zum Gedächtnisse Albrecht Dürer, [108]) mit
Reden, Deklamation, Musik und Gastmahl. Die große
Musik, eine Art Oratorium von Felix Mendelssohn soll
vortrefflich gewesen seyn. Ich war nicht dabei, ich fürchtete
die Hitze. — Vergesse nicht ehe Du weggehst, meine im Mai
fälligen Wechsel zu realisiren, und Dir die Verfallzeit der
neu zu kaufenden gehörig zu merken. — Rede mir nicht
mehr von der M. S., das ist ein schwaches eitles unweib=
liches Weib, und ich schäme mich, daß ich mich von ihrem
empfindsamen Flitter eine Weile lang habe verblenden
lassen. — Jezt ist's warm wie im Sommer und ich werde
gutes Reisewetter haben. — Der Fanny Ochs schreibe ich
gewiß noch, lasse sie nur nicht merken, daß Du mir über
meine Nachlässigkeit Vorwürfe gemacht. — Hattest Du
denn keine Lust Dich mahlen zu lassen? Wie glücklich
hätte mich hier Dein Bild gemacht! Und wozu das Geld
sparen! Denken wir uns, ich hätte auf der Reise so viel
mehr gebraucht. Wäre nicht noch Zeit dazu? Es würde
mich gar zu glücklich machen. — Aber daß nur Deine Ab=
reise dadurch nicht verzögert werde. An Dir liegt mir
immer noch mehr als an Deinem Bilde. — Schon einige
Male, daß ich mit der Herz von Dir und Deiner zarten
Weiblichkeit sprach, kam sie in Verlegenheit. — — — — *)
ich hatte meine Freude daran. „Ja die Wohl — sagte
sie dann — das ist Ihr Ideal. So ist nicht Jeder." —

Dein Charles mehr als je.

Nr. 25 erhalten.

-----

*) Einige Worte unleserlich gemacht.

-----

24) Berlin Donnerstag d. 24. April 1828.

Bärbelchen mein, ich grüße Dich fein. Als ich gestern Abend spät nach Hauſſe kam und zu Bette ging, und wie gewöhnlich einige Bücher auf meinen Nachttiſch legte und bald das Eine bald das Andere nahm, mit der Lange= weile wechſelnd, da — lag plötzlich wie durch einen Zauber, Dein holder Brief unter einem Buche, den wahrſcheinlich meine Wirtin hingelegt, und den ich ohne ihn zu bemerken mit Büchern bedeckt hatte. Ich bedeckte ihn mit Küſſen. Da mußte ich aber wieder aus dem Bette, eine Scheere zu holen. Dann las ich ihn und lachte daß mir der Kopf ſchmerzte. Du biſt das komiſchte Aeffchen, das man nur finden kann. Ueber Deine Angſt, der entſchlüpften 2½ Prz. wegen, mußte ich lachen. Ich ſah das Mäuschen in der Falle, ich hörte es pfeifen. Jezt iſt alles zu ſpät. Ich werde mich nach der Decke ſtrecken, ich werde zu Fuße reiſen meinen Koffer auf den Rücken nehmen und mich ernähren von den Wurzeln des Waldes. Daran iſt Deine Schwatz= haftigkeit ſchuld. Ein anderes Mal ſei vorſichtiger und überlege was Du ſprichſt. Deine Briefe habe ich alle er= halten auch Nr. 22. — Nein, ich bin nicht unſchlüſſig, ich gehe nicht nach Hannover. Das iſt mir zu weit, zu nordiſch. Ich ſchmachte nach dem Rhein und Dir, und wenn Du zu lange zauderſt, komme ich einmal des Nachts mit einem Wagen und zwei Banditen vor Dein Haus und entführe Dich. Die Tante! ach, die Tante! Die kann den ganzen Rhein zu Meerwaſſer machen, die kann ihn verſalzen. Ich meyne auf jeden Fall, es wäre zweckmäßiger Du nähmeſt ein Frauenzimmer mit. Wir wären dann freier, unſern eigenen Weg zu gehen. Wenn Fanny Ochs nervenſchwach und reizbar iſt, wäre ihre Geſellſchaft freilich bedenklich. Dann wären Kraus vorzuziehen. Von dieſen aber wäre die Marie mir am liebſten. — Ich warte hier

noch Deinen Brief ab, den ich Samstags morgen bekomme,
und reise dann Sonntag ab nach Magdeburg, welche
Reise 2 Tage dauert. Dort bleibe ich ein oder 2 Tage,
und gehe dann nach Cassel. Du schreibst mir also nicht
und nirgends mehr hin, bis ich weitere Nachricht gebe.
(Außer den verabredeten Brief, den ich in Magdeburg erwarte.) Es kann seyn, daß ich Dir, durch Geschäfte verhindert, von hier gar nicht mehr schreibe, und überhaupt
vielleicht ein Paar Tage später als die gewöhnliche Zeit.
Das möge Dich dann nicht beunruhigen. — Ich habe vergessen Dich um Erlaubnis zu fragen, ob ich das Deckbett
hier in Verwahrung zurücklassen dürfe. Jezt ist zu
spät, ohne Deine Erlaubnis wage ich diesen Schritt nicht,
und ich muß es mitnehmen, ob es mir zwar sehr lästig
ist. Einige andre alte Sachen, gebe ich der Herz zu verwahren. — Der Sachs [104]) mit seinem Roman! Das mag
ein schöner Roman seyn! Ich bin froh, daß er verlohren.
Ich erinnere mich dessen nicht; doch recht gut meiner
Kleiderlosigkeit in Heidelberg. Darum ängstige Dich nicht
wegen der verrathenen 2¹/₂ Prz. Ein Baruch läßt nicht
von Art, und ich werde nicht knausern auf meiner fernern
Reise. Ich habe mich mit meinem Gelde verrechnet und
werde mir wahrscheinlich nach Kassel noch welches müssen
schicken lassen. — Die arme Constantin! Ich habe es ihr
in die Hand versprochen, ihr zu schreiben. Sie bat mich
wie ein Kind darum und ich habe nicht Wort gehalten.
Darum der Frühling einer Unglücklichen! Alles verliebt
sich in mich, es ist gar zu traurig. — Ich begreife gar
nicht, wie sich Rüppel [105]) um mich interessieren kann.
Hat man denn in Aegypten auch meine Waage gelesen? —
„Mai=Tage am Rhein“ werden geschrieben für das Morgenbl.
und darin will ich meine Berliner Gedanken anbringen.
Ich schlürfe den Rhein in meinem Geiste, es erquickt mich

wie ein Bad, wenn ich nur daran denke. Nur ein Berliner
kann den Rhein voll genießen, und das Entzücken der
Berlinerinnen in Rüdesheim, von dem man uns erzählte,
wird mir jezt ganz begreiflich. — Professor Zimmern?[106])
Ich will es der Fügung anheim stellen. Die Pandekten
in Ems — das kann interessant werden. — An 6 Orten
hat es hier in der Stadt neulich eingeschlagen. Ein
Offizier ist vom Blitze getroffen und blind und taub ge=
worden — unheilbar. Nr. 25 erhalten. Dein guter Charles,
Dein lieber Börne.

---

25)   Berlin d. 26. April 1828 (Samstag)
    In Erwartung Deines heutigen Briefes, will ich
unterdessen den Meinigen anfangen. Ich dachte morgen
abzureisen, aber es geschieht erst Montag oder Dienstag.
Ich kann gar nicht fertig werden. Unterdessen entbehre
ich Deine Briefe. Das ist recht traurig, aber es war nicht
zu ändern. Aloys Schmidt hat mir gestern sehr freund=
lich geschrieben, ich möchte kommen, bei ihnen wohnen, sie
wollten mir den Aufenthalt so angenehm wie möglich
machen. Auch Auguste hat einige Zeilen beigefügt. Ich
habe ihnen heute geantwortet, es ginge nicht an. Ich habe
gar keine Lust dazu. Ich will am Rhein unser Wieder=
sehen abwarten. Wahrscheinlich bleibe ich in Bonn, biß
Du mir bestimmst, wo wir uns treffen sollen. Auch liegt
mir viel daran auf meiner Durchreise, mir in Ems früh=
zeitig ein Logis zu bestellen. Ich habe immer so schlecht
gewohnt. Von Magdeburg aus, bestimme ich, wohin Du
mir ferner schreiben sollst. — Gans hat mir erzählt, ein
medizinischer Professor aus Jena, der gegenwärtig hier ist,
habe ihm vertraut, Professor Zimmern sei recht bedeutend
krank, er sei nahe daran die Schwindsucht zu haben.
Siehst Du nun wie gefährlich das Arbeiten ist und wie

gefund das Müßiggehen? — Jezt ein anderes Kapitel.
Ich zittere davon zu sprechen. Du wirst zanken, Du wirst
toben wie ein Unhold. Aber nur sachte, sachte. Du weißt
ich bin Dein Sklave und thue und lasse was Du willst.
Aber reden darf ich doch; darf doch jeder arme Hund
bellen, wenn man sich auch nicht darum bekümmert. Ich
brauche für meine gestohlene schwarze Weste und Bein=
kleider neue, ich habe nur ein Paar Beinkleider, die ich
beständig trage. Willst Du mir bei Bahr welche machen
lassen und sie mitbringen ist es gut. Willst Du nicht, ist
es auch gut, ich drehe mich auf dem Absatz und singe:
ach, wäre ich ledig geblieben! — Sonntag d. 27. April.
Deinen Brief Nr. 26 den ich gestern erhielt, konnte ich
gleich zu beantworten keine Zeit finden. Du bist aber
sehr unfreundlich, Du bist sehr unbekümmert um meine
Wünsche. Wie oft habe ich Dich nicht gebeten, mir zu
schreiben, ob meine Bendelschuhe zu Hause sind, und Du
hast mir immer noch nicht darauf geantwortet. Sind
meine Bendelschuhe zu Hause? Dann bringe sie mit. Ich
bitte Dich vergesse das nicht. Ich kann in Ems die
Bendelschuhe nicht entbehren. Sollten sich aber in Frank=
furt keine finden, so schreibe mir's, daß ich mir neue
Bendelschuhe machen lasse. — Ich werde, weil Du es
wünschest den Koffer in den Wagen nehmen. Freilich
bleibt dann kein Platz für mich, und ich werde mich hinten
müssen aufbinden lassen. Es ist aber besser, daß ich ge=
stohlen werde als der Koffer. Was meine Reisegesell=
schaft betrifft, so hat sich gestern eine für mich gefunden,
die Dir zwar angenehm seyn wird, weil es ordentliche
Leute sind, die mir aber etwas lästig ist, weil es Frauen=
zimmer sind, die ich beobhuten und artig behandeln muß.
Es ist nehmlich die Schwester des Dr. Heise, die erst
gestern von Magdeburg, wo ihre Eltern wohnen, zum Be=

suche ihres Bruders hier angekommen ist, und noch ein anderes junges Frauenzimmer, eine Wittwe von 19 Jahren. Diese reisen ohne männliche Begleitung Mittwoch nach Magdeburg zurück. Ich wollte morgen schon abreisen. Man hat mich aber so dringend gebeten, meine Reise noch 2 Tage zu verschieben, daß ich es schicklicher Weise nicht abschlagen konnte, da mich Heise so sehr freundschaftlich in seinem Hause behandelt hat. Muß ich da nun zwei Tage artig seyn, und ich dachte doch, mich von Berlinischer Feinheit zu erholen. Aber am traurigsten ist, daß ich jezt fast 8 Tage lang keinen Brief von Dir habe. Daran ist doch auch wieder Deine Ängstlichkeit schuld die mich angesteckt hat. Ich hätte Dich immerzu sollen nach Berlin schreiben lassen. Wäre ich auch früher abgereist, wäre mir der Brief nachgeschickt worden. Aber ich wagte es nicht. Jezt finde ich nun etwa künftigen Freitag einen Brief in Magde= burg, und dann muß ich wieder 8 Tage auf einen andern warten, weil ich nicht bestimmen kann, wohin Du mir schreiben sollst. Was mich das verdrüslich macht! — Auf baldigen Brief von mir kannst Du kaum zählen. Mitt= woch reise ich ab und komme Donnerstag Nachmittag in Magdeburg an. Dort schreibe ich, doch wahrscheinlich früher von Berlin oder dem Wege, wenn ich die Zeit dazu finde. Die weibliche Reisegesellschaft liegt mir wie Blei in den Gliedern. — Fange nur Deinen nächsten Brief gleich an, daß er recht lange werde.

Dein guter, treuer Charles.

---

26) Berlin. Dienstag d. 29. April 1828.

Morgen also, geliebtes Bärbelchen, reise ich ab. Ich werde diesen Brief morgen in Potsdam auf die Post legen, so daß Dich das Postzeichen von meiner wirklichen Abreise benachrichtigen wird. Wie freue ich mich in Magdeburg einen Brief von Dir zu finden. Schreibe mir gleich nach Empfange dieses, nach Cassel, Postrestant, und zwei Tage später noch einmal dahin. Ich werde mich 4 bis 6 Tage in Cassel aufhalten. Ich habe sehr nöthig Geld. Bitte mir nach Cassel welches zu schicken. Entweder durch Anweisung, oder baar, oder (was mir am besten dünkt,) 2 funfzig Thaler Tresorscheine in einen Brief gelegt. Der Brief müsste recommandirt werden. Überlasse es dem Samuel, wie er mir am schnellsten und sichersten 100 Thaler dorthin besorgen will. — Ich werde wie der verlohrene Sohn, ohne Geld und Strümpfe zurückkehren. Ach! was sehen meine Strümpfe aus. — — Ich komme so eben von der alten Herz, von der ich Abschied genommen. Sie reichte mir die Wang zum Kusse. Als ich vor 25 Jahren in Thränen zerfließend von ihr ging, und ich kein einziges Wort vor Rührung sprechen konnte, da war ich 17 Jahre alt, sie in ihrem Sommer, ich liebte sie und durfte damals nur ihre Hand küssen. Und jezt! Il vaut mieux jamais que tard! — Abends 11 Uhr. Ich habe diesen lezten Berliner Abend bei M. S. zugebracht. Die jungen Damen mit welchen ich Morgen früh nach Magdeburg reise, sind sehr liebenswürdig, und die kleine Mühe, die mir das Reisen mit Frauenzimmern macht, wird mir reichlich vergolten werden. Es ist mein Glück, daß ich diesen langweiligsten aller Sandwege in schöner Gesellschaft mache. Adieu, Adieu. Den 6. Mai ist mein Geburtstag. Schreibe mir an diesem Tage, wenn es nicht für ihn geschehen kann einen lieben langen Brief. Die Mariane hat mir beim Abschiede die herzlichsten Grüße an Dich aufgetragen. Welche Farbe dieser Schillertaffet hat, das weiß ich nach zehen Wochen immer noch nicht. In Magdeburg schreibe ich wieder. Dein

Charles.

Anmerkungen.

[1]) (Zu S. 4.) J. Fürst, später Herausgeber der Erinnerungen der H. Herz, Berlin 1850. Er war ein Literat, von dem wenig bekannt ist; er muß sehr lange in Berlin gelebt haben, ohne eine hervorragende Stellung einzunehmen. Mit dem bekannten Leipziger Orientalisten J. Fürst darf er nicht verwechselt werden. In der Originalausgabe war der Name ausgelassen.

[2]) (Zu S. 4.) Dr. Goldschmidt, Frankfurter Advokat, durch seinen Scharffinn und Witz berühmt.

[3]) (Zu S. 4.) Denkrede auf Jean Paul, zuerst im „Morgenblatt" 1825, 9./10. Dez. Sie war am 2. in Frankfurt gehalten worden.

[4]) (Zu S. 4.) Henriette Sontag in Frankfurt (1826), jetzt in den Ausgaben der „Dramaturgischen Blätter". B. hat später in seiner Abrechnung mit Wilibald Alexis im „Häringssalat" die Begeisterung der Berliner über diesen Aufsatz geschildert. Vgl. Einl.

[5]) (Zu S. 5.) Oelsner, Konr. Eng., geb. 13. Mai 1764, gest. 20. Dez. 1828, Arzt, Publizist, vielseitig literarisch tätig. Er lebte lange Zeit in Paris, z. T. in diplomatischer Stellung, der er 1825 entsagte. Er war ein intimer Freund Varnhagens. — „Deinen Hans" (zu S. 5 Z. 14) bezieht sich nicht etwa auf Börne, sondern Heine; dessen Sonette an Frau Robert (über die und ihren Gatten die Einl. zu vergleichen ist) werden später nochmals erwähnt.

[6]) (Zu S. 5.) Friedrich Heinrich K. Baron de la Motte Fouqué, geb. 12. Febr. 1777, gest. 23. Jan. 1843, romantischer Dichter; vgl. die Einl. Er lebte bis zum Tode seiner Frau (vgl. Anm. 93) abwechselnd in Berlin und auf seinem Gute Nennhausen bei Rathenau.

[7]) (Zu S. 5.) Lindenau, der Begleiter Börnes von Frankfurt nach Berlin, wahrscheinlich, wie aus späteren Stellen hervorgeht, ein junger Kaufmann.

⁸) Zu S. 5. Wahrscheinlich Seibel oder Schneider, da B. A. Weber schon 1822 entlassen und 1824 gestorben war.

⁹) Zu S. 5. Spiro, sicher der spätere Schwager Börnes, Mann seiner Schwester. Der Name war in der Originalausgabe weggelassen. Den Sohn des Genannten traf B. in Berlin, wußte aber nichts sehr Erfreuliches von ihm zu berichten. (Vgl. S. 12.)

¹⁰) (Zu S. 5.) Staatsrätin Uhden, die Gattin des Staatsrats im Kultusdepartement J. D. F. O. U., 1763—1835, der auch eine Anzahl gelehrter antiquarischer Beiträge in den „Abhandlungen der Berliner Akademie" veröffentlichte. Uhden war zweimal verheiratet; die erste Gattin veranlaßte ihn, 1809 Rom zu verlassen (vgl. Euphorion I, S. 366); die zweite war eine gebildete Dame, die einmal Goethe besuchte (dessen Tagebuch 19. Sept. 1827). Sie (oder die erste?) stand auch Iffland nahe; (vgl. meine Iffland-Briefe, 1904, S. 216, 319). Nach der Äußerung unseres Textes muß sie eine Frankfurterin gewesen sein oder eine in Frankfurt wohnende Schwester gehabt haben.

¹¹) (Zu S. 6.) Hotho, Heinr. Gust., geb. 22. Mai 1802, gest. 24. Dez. 1873, Ästhetiker, Kunsthistoriker, Professor an der Universität, später Direktor des Kupferstichkabinets. Er war ein eifriger Schüler Hegels und mit seinem Meister an der Begründung der „Jahrbücher" hervorragend beteiligt.

¹²) (Zu S. 6). Frau Levi, jedenfalls Frau Sarah Levi, eine Tochter des Bankiers J. D. Itzig. Sie war eine reiche und angesehene Frau, die lange Zeit einen Mittelpunkt der Berliner Geselligkeit bildete.

¹³) (Zu S. 6.) Reiß, Michael, nicht der bekannte Mathematiker (1805—69), der 1822 kurze Zeit in Berlin zugebracht hatte, sondern Arzt, 1818 in die Reihe der Frankfurter Ärzte aufgenommen. 1828 wohnte er im Quartier A 162 (Fahrgasse). Diese Anmerkung, wie manche andere auf Frankfurter Persönlichkeiten bezügliche, verdanke ich der Güte des Herrn Prof. Dr. Krakauer in Frankfurt.

¹⁴) (Zu S. 7.) Varnhagen v. Ense, der bekannte Publizist, und seine Gattin Rahel Levin, die berühmte geistreiche Frau; vgl. die Einl.

¹⁵) (Zu S. 7.) „Einige Worte über die angekündigten Jahrbücher für wissensch. Kritik", Heidelberg 1827.

¹⁶) (Zu S. 10.) Reinganum, Anwalt Börnes, später Herausgeber seiner Werke, der sich als Jurist und Politiker einen bedeutenden Namen machte.

¹⁷) (Zu S. 11.) Jedenfalls ein Prozeß der Theaterdirektion gegen Börne. Vgl. Brief Nr. 4, Anfang, oben S. 19.

¹⁸) (Zu S. 11.) Es ist nicht bekannt, daß damals unter den Frankfurter Juden eine Taufepidemie herrschte (vgl. Anm. 27); sollte etwa Frau W. mit der Frage gemeint sein, deren Verbleiben beim Judentum ein Hindernis für die Ehe mit B. war?

¹⁹) (Zu S. 11.) Die Genannten sind vermutlich Verwandte der Adressatin. Frau Schnapper (Fanny) war eine Schwester der Frau Wohl, geb. 1788, gest. 1840; der Mann der ersteren Mose Meyer Schn., 1782 bis 1826, ein naher Verwandter des Vaters des im vorigen Jahre verstorbenen Statistikers und um Börne hochverdienten Dr. Gottlieb Schnapper-Arndt. — Louis, wahrscheinlich Louis Ochs, dessen Schwester Fanny Ochs, geb. 17. Juni 1800, die den Pfarrer Hormuth in Heddesbach später heiratete, in unseren Briefen sehr häufig erwähnt wird. Andere Töchter aus dem Hause Ochs heirateten die auch in diesen Anmerkungen mehrfach genannten Dr. Mich. Reiß und Dr. Stiebel. — Walther muß ein Verwandter oder Bekannter der Frau Wohl gewesen sein. In einem ihrer Briefe (Febr. 1831) heißt es: „Der Walther soll ungeheures Geld durch die letzten Ereignisse verloren haben." (Mitteilungen von Frau Dr. Schnapper-Arndt in Frankfurt.)

²⁰) (Zu S. 11.) Karl von Holtei, der bekannte schlesische Dichter. Über sein Zusammentreffen mit B. in Weimar und seinen oft besprochenen Versuch, B. zu Goethe zu ziehen, handelte zuletzt M. Holzmann, Aus dem Lager der Goethe-Gegner, 1904.

²¹) (Zu S. 12.) K. Fr. Zelter, der bedeutende Musiker, Goethes intimer Freund, Lehrer von Felix Mendelsohn-Bartholdy.

²²) (Zu S. 13.) Dr. Neuburg. Gemeint ist wohl der junge Dr. J. G. Neuburg, Jurist, der am 13. Dez. 1818 den Bürgereid leistete, nicht der ältere (Vater des Vorigen), gleichfalls J. G. N., Arzt, der 1781 promovierte und 1791 als Arzt zugelassen wurde. Beide wohnten im Quartier J. 206 (Krakauer).

²³) (Zu S. 13.) Schwester des alten Mendelsohn, Henriette. Sie war beim General Sebastiani gewesen und wurde wegen ihrer Bildung und Frömmigkeit gleich gerühmt. Varnhagen in seinen Denkwürdigkeiten spricht manchmal von ihr; vgl. auch S. Hensel, Die Familie Mendelsohn, passim.

²⁴) (Zu S. 14.) Natürlich kein Mitglied der reichen Bankiersfamilie, sondern ein beliebter Lehrer; vgl. Krakauer in „Geschichte der Judengasse in Frankfurt a. M.", erschienen in der „Festschrift des Philantropin", Frankfurt 1904, S. 414. 415. Hier ist der Sohn des Genannten gemeint.

²⁵) (Zu S. 14.) Heinrich Beer, der Bruder des Musikers Meyer Beer und des Dichters Michael Beer.

²⁶) (Zu S. 14). Breidenbach, entweder Wolf. Br. (gest. 1829), der um die Aufhebung des Judenleibzolls hochverdiente Mann, oder dessen Sohn M. W. August Br. (geb. 1796), namhafter hessischer Jurist.

²⁷) (Zu S. 14.) Vgl. Anm. 18; Reiß (Anm. 13) blieb bis an sein Lebensende Jude. Dr. Stiebel war gleichfalls Arzt in Frankfurt. Eine seiner Schriften wurde von Börne besprochen.

²⁸) (Zu S. 14.) Alexander von Humboldt; über den Eindruck dieser Vorlesungen sind die Briefwechsel jener Zeit voll, z. B. auch Goethe=Zelter (Reclam) III, 4. 8. 12 u. a. m.

²⁹) (Zu S. 16.) Spitzeder, Josef, 1796—1832, berühmter Baß=buffo, Mitglied des Königstädtischen Theaters.

³⁰) (Zu S. 16.) Bamberger, zwei Schwestern, Opernsängerinnen am Frankfurter Theater.

³¹) (Zu S. 16.) Hier ist natürlich keine Frau, noch weniger Börne, sondern Heine gemeint, dessen „Reisebilder" Rahel gewidmet sind. B. neckt seine Freundin mit diesem Schriftsteller, für dessen Werke sie vielleicht mehr Sympathie besaß, als dem Briefschreiber lieb war. Vgl. schon die Notiz oben Anm. 5.

³²) (Zu S. 17.) Der Witz war damals in Berlin so beliebt, daß ihn auch Zelter an Goethe übermittelte, Zelter-Goethe III, 8.

³³) (Zu S. 18.) Die Aufführung hatte am 7. Febr. stattgefunden.

³⁴) (Zu S. 18.) Spontini lebte 1820—1841 als Generalmusik=direktor in Berlin, von den meisten stark angefeindet.

³⁵) (Zu S. 18.) Ludwig Rellstab, Dichter und Kritiker schrieb: „Über mein Verhältnis als Kritiker zu Herrn Spontini als Kompo-nisten 2c.", 1827.

³⁶) (Zu S. 20.) Bruder Abrahams, ältester Sohn von Moses Mendelssohn. Seine Gattin war Henriette Meyer. Er hatte zwei Söhne: Benjamin und Alexander, von denen hier wohl der ältere B. gemeint ist.

³⁷) (Zu S. 20.) Amalie v. Helwig, geb. v. Imhoff, deren „Schwestern von Lesbos" unter dem Patronat Goethes und Schillers erschienen waren. Gest. 17. Dez. 1831. Damals (1828) war sie 54 Jahre alt.

³⁸) (Zu S. 22.) Über diese Schweizerreise (Juli 1822) vgl. den ausführlichen Bericht bei Hensel, Familie Mendelssohn, I, 124 ff.

³⁹) (Zu S. 23.) F. W. Gubitz, Holzschneider, Schriftsteller, dessen „Morgenblatt" noch immer das führende Organ des damaligen Berlin war.

⁴⁰) (Zu S. 23.) Clauren, mit seinem bürgerlichen Namen: Heun. B. hatte sich in seinen „Dramaturgischen Blättern" über Claurens Lustspiel: „Der Wollmarkt" sehr ungünstig ausgesprochen.

⁴¹) (Zu S. 23.) Joh. Nep. Hummel, 1778—1837, Komponist und Virtuos, Musikdirektor in Weimar. Seine damaligen Konzerte werden von Zelter sehr gerühmt, Briefw. III, 19. Sein Konzert fand am 6. März statt, Nina Sontag (die Schwester der berühmten Henriette) wirkte darin mit; vgl. die Anzeige in der „Voss. Ztg." vom 8. März, in der er sehr gerühmt wird, seine Mitwirkenden weniger. Am 12. März spielte er im Königstädtischen Theater.

⁴²) (Zu S. 23.) Saphir, der damals sehr berühmte und angefeindete Humorist und Satiriker. Über seine Stellung in Berlin vgl. mein Werk über „Berlins geistiges Leben", II, 513 ff., und die Einl.

⁴³) (Zu S. 24.) Hebr. Wort = Diener. Gemeint ist natürlich Moses Mendelssohn. Doch ist die Sache nicht ganz richtig; vielmehr war M. ein gut bezahlter Buchhalter, später Teilhaber des großen Bernhardschen Seidengeschäfts.

⁴³a) (Zu S. 24.) Mit Guste ist Auguste geb. Wohl, eine Cousine unserer Frau Wohl gemeint. Sie heiratete 1824 den Aloys Schmitt, einen bedeutenden Pianisten und Komponisten (1788—1866), der von 1810—1824 in Frankfurt gelebt hatte. Von 1824 machte er Kunstreisen, lebte seit 1826 in Hannover, soll aber von dort (vgl. Allg. D. Biogr. 32, 43) erst 1829 nach Frankfurt zurückgekehrt sein.

⁴⁴) (Zu S. 26.) Arzt, später Diplomat in Paris, schon 1805 mit dem Chamissoschen Kreise vertraut.

⁴⁵) (Zu S. 27.) Vgl. oben Anm. 15.

⁴⁶) (Zu S. 28.) Über die Mittwochsgesellschaft vgl. mein „Berlin", II, 387, 448 ff.

⁴⁷) (Zu S. 29.) „Monatliche Beiträge zur Geschichte dramatischer Kunst"; vgl. mein „Berlin", II, 512. Der Verleger hieß Josephy.

⁴⁸) (Zu S. 29.) J. J. Willemer, Frankfurter Kaufmann und Schriftsteller, bekannter als Gatte der berühmten Marianne W., war Mitarbeiter an der „Wage" gewesen.

⁴⁹) (Zu S. 29.) Marheineke, Ph. K., evangelischer Theologe, 1780—1846, lange Zeit Professor an der Berliner Universität.

⁵⁰) (Zu S. 29.) Karl Ritter, der berühmte Geograph, 1779

bis 1859. Er hatte von 1799—1810 in Frankfurt gelebt und kam
1820 nach Berlin.

⁵¹) (Zu S. 31.) v. Wehli, nicht weiter bekannt.

⁵²) (Zu S. 31.) Das häufig angeführte Verschen entstammt
keinem damals beliebten Volksliede, sondern einem zu jener Zeit
verbreiteten Singspiele („Die Wiener in Berlin“).

⁵³) (Zu S. 33.) Schleiermacher; vgl. die Einl.

⁵⁴) (Zu S. 34.) Anna Milber-Hauptmann, 1785—1838. Sie
war von 1816 bis 1831 in Berlin als erster Stern der dortigen Oper.
Die beiden mitwirkenden Opernsänger in dem durch Mozart bearbeiteten
„Alexanderfest“ von Händel waren Stümer und Blume. Das Konzert
war am 28. Febr., die Voranzeige der Künstlerin in der „Voss. Ztg.“
21. Febr., eine begeisterte Beurteilung der Aufführung das. 1. März.

⁵⁵) (Zu S. 35.) Schebe, Präsident des Kurmärkischen Pupillen-
kollegiums. Er wohnte Große Friedrichstr. 38. Bei ihm waren z. B.
die Billets des Wieprechtschen Konzerts zu haben, wie aus einer
Zeitungsannonce ersichtlich ist.

⁵⁶) (Zu S. 36.) Die Carl, eine Frankfurter Persönlichkeit, nicht
weiter nachzuweisen.

⁵⁷) (Zu S. 42.) Der kleine Artikel steht wörtlich in dem von
F. Förster und W. Alexis herausgegebenen „Berliner Conversationsblatt“ vom 25. Febr. 1828. Ich will bei dieser Gelegenheit bemerken,
daß ich sowohl dieses, wie „Courier“, „Schnellpost“, „Estafette“ durch-
gesehen habe; doch wollte ich deren Berichte über Konzerte, Theater
und sonstige Schaustellungen nicht einzeln anführen, um diese Anmerkungen nicht allzusehr anzuschwellen.

⁵⁷ᵃ) (Zu S. 44.) Bei aller Bildung des Mendelssohnschen Hauses
wäre doch ihre Kenntnis der Birmanen seltsam; doch erklärt sie sich daraus,
daß die „Voss. Ztg.“ Nr. 41 und 42 vom 18. und 19. Febr. zwei Artikel
über Ava, die Hauptstadt der Birmanen, gebracht hatte. — Später,
am 27. März, war das. ein Brief aus Ramri in Birmanien abgedruckt
und am 16. April ein kleinerer Artikel ähnl. Inhalts.

⁵⁷ᵇ) (Zu S. 44.) Jean Pauls Witwe, eine geborene Meyer aus
Berlin. Über sie vgl. meine Mitteilung in „Zeitschrift für Bücher-
freunde“, 1899, S. 91—98, und manche Stellen in meinem Buche
„Therese Huber“, Stuttgart 1901. Die letztgenannte charakterisiert die
Frau Jean Pauls einmal: „Sie ist wohl die ergebenste Gattin, die
je ihren Mann bewunderte.“

⁵⁷ᶜ) (Zu S. 46). Oppenheimer. Gemeint ist jedenfalls der Maler

Moritz D. Oppenheim, geb. 1801, gest. 1882, der 1827 Börnes Bild gemalt hatte. Er blieb übrigens dauernd in seiner Vaterstadt Frankfurt a. M.

⁵⁸) (Zu S. 50.) Logier, Buchhändler, dessen Firma sich bis vor wenigen Jahrzehnten in Berlin erhalten. Über den Bruder Joh. Bernh. Logier (geb. 9. Febr. 1780), der 1822 nach Berlin berufen wurde, um sein neues System des musikalischen Unterrichts in Berlin einzuführen, vgl. „Gelehrtes Berlin" 1825, S. 158; einzelne pikante Notizen über ihn in den Briefen Zelters an Goethe.

⁵⁹) (Zu S. 50.) Heine war Nov. 1827 nach München gekommen. Er arbeitete dort für die „Neuen politischen Annalen". Es war mehr als ein Gerücht, daß er zum Professor an der dortigen Universität ernannt werden sollte, doch kam es, nachdem sich die Angelegenheit lange hingeschleppt hatte, schließlich doch nicht dazu; vgl. Strodtmann, Heine, I, 555. Über Heine als Herausgeber der „Politischen Annalen" vgl. einen Artikel in der Berliner „Estafette", Nr. 222, 31. März 1828.

⁶⁰) (Zu S. 55.) Eugen Malbouche. Von ihm wird („Voss. Ztg." 28. April) ein großer Brief aus der „Aachener Zeitung" mitgeteilt, in dem er sich rühmt, die Heilung des Stammelns erfunden zu haben.

⁶¹) (Zu S. 55.) „Der Kammerdiener", Posse in 4 Abteilungen von Leitershofen, die seit dem 23. Februar 1828 in Berlin aufgeführt wurde. Sie muß sehr beliebt gewesen sein, denn sie hielt sich bis 1878 und brachte es zu 112 Vorstellungen. Aufführungen des Stücks fanden am 5., 9., 15. März statt (die letztgenannte im Opernhause). Die „Voss. Ztg." brachte eine tadelnde Rezension erst am 18. März; „nur die Neigung des großen Haufens zum Spott gegen die Israeliten konnte Lachen hervorbringen". Der Inhalt ist der: Ein Kammerdiener unter dem Namen eines Herrn Baron von Schniffelinsky knüpft Liebesverhältnisse mit einer überbildeten alten Jüdin, einer reichen Gutsbesitzerin, sowie einem liebenswürdigen Judenmädchen an und wird schließlich entlarvt.

⁶²) (Zu S. 56.) Natürlich Molière. Frau Wohl muß in einem bisher unbekannten Briefe ihre besondere Neigung zu dem französ. Komödiendichter ausgesprochen haben.

⁶³) (Zu S. 56.) J. E. Hitzig, Kriminalrat, Schriftsteller und Buchhändler. Mit den jüngeren romantischen Kreisen eng liiert, später als Biograph E. T. A. Hoffmanns und Chamissos bekannt.

⁶⁴) (Zu S. 56.) Hendel-Schütz, eine Zeitlang Gattin des Jenaer Professors K. J. Schütz, durch ihre mimisch=plastischen Darstellungen bekannt.

⁶⁵) (Zu S. 60.) Fells Buch konnte ich in den bibliographischen Handbüchern nicht auffinden.

⁶⁷) (Zu S. 62. Nr. 66 ist im Text übersprungen.) Professor Casper, Joh. Ludw., geb. 1796, seit 1825 außerordentl. Prof. an der Universität, schon damals ein sehr angesehener Arzt.

⁶⁸) (Zu S. 62). Dr. J. M. Mappes, Arzt in Frankfurt, promoviert 1817, aufgenommen 1818, geb. 1796, gest. 1863. Gerade 1828 wurde er Direktor der anatomischen Sammlung, erlangte viele Würden und tat sich auch als medizinischer Schriftsteller hervor; vgl. Stricker in Allg. D. Biogr. XX, 283.

⁶⁹) (Zu S. 63.) Buchhändler, Begründer eines lange blühenden Geschäfts.

⁷⁰) (Zu S. 64.) Wahrscheinlich dieselbe wie der berühmte „Tunnell"; vgl. mein „Berlin" II, 449 ff. Über diese merkwürdige Genossenschaft der „Sonntagsgesellschaft" gibt Saphir im „Berliner Courier" sehr aus=führliche Berichte.

⁷⁰ᵃ) (Zu S. 65.) Pfarrer Kirchner, Anton, geb. 14. Juli 1779, gest. 31. Dez. 1834, ein um die Geschichte Frankfurts, besonders um die Ent=wicklung des Schulwesens dieser Stadt hochverdienter Mann. Seine „Ge=schichte von Frankfurt" (die freilich nur bis 1612 geht) ist ein trotz mancher Schwächen noch heute geschätztes Werk. Von seinen Be=ziehungen zu Börne weiß man nicht sehr viel; am bekanntesten ist, daß Kirchner Börnes Gedenkrede auf Jean Paul öffentlich vortrug. Getauft wurde B. nicht durch ihn, sondern durch den Pfarrer Bertuch in Rödelheim; Holzmann, Börne, S. 94.

⁷¹) (Zu S. 65.) Sie waren wohl in dem oben angedeuteten Brief an Dr. Stiebel behandelt. Nach unserer Stelle muß man annehmen, daß Dr. Reiß Arzt und nicht Mathematiker ist; s. o. Anm. 13.

⁷²) (Zu S. 66.) Marie Kramm. Nicht zu ermitteln. Im ältesten Adreßkalender Frankfurts (Allgem. Adreß=Buch der Freien Stadt Frank=furt 1834) findet sich: „Kramm, Johannes, in Mode= und Wollen=waren, Römerberg".

⁷³) (Zu S. 66.) Das Gedicht an Louise steht im „Berliner Cou=rier" 13. März. Es besteht aus zwei Strophen und ist so herzlich unbedeutend, daß sein Wiederabdruck nicht lohnt.

⁷⁴) (Zu S. 66.) Jetzt im Charlottenburger Mausoleum; vgl.

mein „Berlin", II, 303. B.s Erzählung ist etwas legendenhaft aus=
geschmückt.

[75]) (Zu S. 67.) Das Konzert im Saal des Schauspielhauses war
ein großes Vokal= und Instrumentalkonzert von Konstanze Tibaldi,
unter Leitung des Musikdirektors Moeser.

[76]) (Zu S. 69.) Zimmern fraglich. Sollte der bekannte Jurist
Siegm. W. Z. (1796—1830) gemeint sein? Auf ihn würde passen,
daß B. auf der Hinreise in seiner Nähe gewesen war, denn Z. war
Professor in Jena.

[77]) (Zu S. 72.) Dachles = tachlis (hebr.) (vgl. S. 50, Anm.
unter dem Text), eig. Ende, hier in dem Sinne: den wahren End=
zweck, das Wichtige, Bedeutsame.

[78]) (Zu S. 72.) Die Anwesenheit von „einer von Schillers
Töchtern" konstatiert auch Zelter (Briefw. m. Goethe) III, 9. Nach
seinem Berichte war sie sehr krank.

[79]) (Zu S. 74.) Bardeleben; eine Frau dieses Namens wird als
Mitglied der Berliner Gesellschaft bei Zelter III, 298 erwähnt.

[80]) (Zu S. 74.) Besprechung des Houwaldschen Trauerspiels „Das
Bild" in den „Dramaturgischen Blättern".

[81]) (Zu S. 75.) Sichel, ohne nähere Angaben nicht zu identi=
fizieren. 1830 gab es in Frankfurt 25 Träger dieses Namens.

[82]) (Zu S. 76.) Das übrigens formell ungelenke und auch in=
haltlich wenig bedeutende Gedicht ist von Franzos in der „Deutschen
Dichtung" gedruckt, ohne daß der Herausgeber die Veranlassung des
Gedichts kannte.

[83]) (Zu S. 77.) Jedenfalls ein Verwandter von Jos. Muhr,
der für die Emanzipation der Juden eifrig tätig war.

[84]) (Zu S. 82.) Schlegel in Bonn = A. W. Schlegel, der be=
rühmte Shakespeare=Übersetzer, der durch seine grandiose Eitelkeit, da=
mals auch durch sein Auftreten gegen Goethe, Anlaß genug zu
Spott gab.

[85]) (Zu S. 82.) Berichtigung einiger Mißdeutungen. Von
A. W. v. Schlegel, Berlin 1828.

[86]) (Zu S. 82.) Natürlich ist nicht an Paul Heyse zu denken,
der am 15. März 1831 geboren wurde; es ist ein älterer Bruder,
der aber sehr jung starb; s. S. 92.

[87]) (Zu S. 82.) Prinzessin Karl, die Weimarische Prinzessin
Marie Alexandrine. Prinz Karl hatte vor seinem älteren Bruder
Wilhelm geheiratet, dessen Sohn (Kaiser Friedrich III.) erst am

18. Oft. 1830 geboren wurde. Der Kronprinz (der spätere König Friedrich Wilhelm IV.), seit 29. Nov. 1823 verheiratet, war kinderlos.

[88]) (Zu S. 83.) Cherubinis „Abenceragen" oder „Das Feldpanier von Granada" war am 11. März 1828 zum erstenmal aufgeführt worden und brachte es bis 9. Febr. 1829 im ganzen nur auf 4 Vorstellungen.

[89]) (Zu S. 83.) Die jüngere Tochter, d. h. Felix Mendelssohns zweite Schwester Rebekka, die später den Mathematiker Dirichlet heiratete. (Er wurde während Börnes Aufenthalt in Berlin zum Professor an der dortigen Universität ernannt.) Während Börne über das Mendelssohnsche Haus sich sehr günstig äußerte, muß er dort einen zum mindesten unbedeutenden Eindruck gemacht haben, wie folgende Schilderung der älteren Schwester Fanny (damals 23 Jahre alt) an Klingemann vom 18. Juni 1828 bezeugt (Familie Mendelssohn, I, 182): ... „Warum wir Ihnen von Börnes Hiersein nichts sagten? Weil in der Gotteswelt nichts von ihm zu sagen ist. Wir waren oft der Meinung, daß irgend ein Quidam diesen hübschen Namen angezogen und damit in die Welt gegangen. Dies ist nicht etwa ein Urteil nach einmaligem Sehen — wir haben ihn lange hier gehabt, und allein, mit anderen Leuten, mittags, abends und in allen Beleuchtungen kennen gelernt, und nie hat er sich verleugnet als ein kleiner, schwerhörender und schwerer begreifender Mann, dem die einfachsten Dinge fremd und neu sind, der sich wie der gemeine Haufen der Frankfurter wundert, daß die Berliner auf den Hinterfüßen stehen und mit den Vorderpfoten essen, und daß die Bäume wirklich auch hier grün werden, nachdem der Schnee wirklich auch weiß war, der mir eines Tages ein Buch vorlegte und mich die Zahl 10 430 aussprechen ließ, und als ich nun, irgend eine Rechenaufgabe erwartend, ängstlich schwieg, die Prüfung beendet und sich verwundert erklärte, daß ich eine fünfstellige Zahl aussprechen könne. Nie haben wir irgend ein bemerkenswertes Wort von ihm gehört, nie auch nur einen Funken, einen Blitz oder Blick bemerkt, der ihn als bedeutenden Mann bezeichnet hätte."

[90]) (Zu S. 85.) Fr. Varnhagen ist bekannter unter dem Namen: Rahel; es ist die schon mehrfach in diesen Briefen besprochene Frau Varnhagens v. Ense.

[91]) (Zu S. 85.) Passalaqua ist aus den damaligen Berliner Zeitungen nicht nachzuweisen.

[92]) (Zu S. 86.) So steht's im Original (d. h. in Börnes Abschrift), muß aber verschrieben sein, L. statt P. heißen. Die Gattin

hieß: Lea, der Gatte: Abraham; an beſſen Sohn Paul iſt ſelbſt-
verſtänblich nicht zu denken.

⁹³) (Zu S. 90.) Karoline be la Motte Fouqué, 1773—1831, ſeit
1802 mit F., vorher mit einem Herrn v. Rochow vermählt, eine
unenblich fleißige Schriftſtellerin; bei Goedeke werden 67 Werke von
ihr erwähnt. Die Urteile anderer Schriftſteller über ſie lauten
weſentlich günſtiger.

⁹⁴) (Zu S. 93.) Nicht unſere Nr. 10. Im Originalmanuſkript
werden vielmehr die Briefe durchgezählt, von der Abreiſe aus Frankfurt an. Unſer Brief trägt bort die Nr. 21.

⁹⁴ᵃ) (Zu S. 94.) Barthol. Bosco aus Turin; erſte Voranzeige ſeiner
Vorſtellungen in der „Voff. Ztg." 17. März. Die Vorſtellungen begannen am 10. April unb fanden zuerſt in einem Saal, dann im
Theater ſtatt. Am 18. April widmete ihm L. Rellſtab einen be-
wundernden Artikel. Gleichzeitig mit Bosco produzierten ſich der
Zauberkünſtler Habitt aus Moskau, deſſen Name in den Saphirſchen
Streitſchriften gebraucht wurde, und der Jongleur Debouché, der auch
ſeine Lobredner fand. Von ſonſtigen Vorführungen menſchlicher oder
tieriſcher Geſchicklichkeit, von denen einzelne in unſerer Textſtelle
angebeutet werden, ſeien nach den Annoncen der „Voff. Ztg." erwähnt: Gropius' Diorama, Enslens „Maleriſche Reiſe im Zimmer",
J. Pfiſters mechaniſche Kunſtreiter unb Seiltänzer, Mab. Bagolinis
Fechtakademie, Bachſche Kunſtreitergeſellſchaft im Zirkus.

⁹⁴ᵇ) (Zu S. 94.) Das große militäriſche Konzert im Saale des
Schauſpielhauſes fand unter Wieprechts Leitung ſtatt. (Börne nahm
vielleicht ein Billet wegen ſeiner Beziehungen zum Präſidenten
Schebe.) Das Konzert wird übrigens in Rellſtabs Beurteilung („Voff.
Ztg." 2. April) nicht unbedingt gelobt.

⁹⁵) (Zu S. 96.) Calderons. Plan einer Vorrebe zu einer Über-
ſetzung, nicht weiter ausgeführt.

⁹⁶) (Zu S. 97.) Auch dieſer Plan wurde, ſoweit man aus dem
gebruckten Nachlaſſe urteilen kann, nicht ausgeführt.

⁹⁷) (Zu S. 97). „Schifferchen", ſeltener Ausbruck, der mit dem
vulgären ähnlich klingenden Wort wohl nichts zu tun hat. Vielmehr
hängt es, nach A. Hammerans (in Frankfurt) Erklärung, mit Schüſſer
(abgeleitet von Schuß, ſchießen) zuſammen = kleine Tonkugeln, mit
denen die Knaben ſpielen. Schüſſerchen oder Schifferchen würde
bann ſoviel heißen als: kleine, unbedeutende Sachen.

⁹⁸) (Zu S. 103.) Ob wirklich die erste Frau Werners gemeint ist? Diese war eine Dirne aus Königsberg, die W. 1791 kennen lernte, 1792 heiratete; 1794 ließ er sich von ihr scheiden und berichtete 1800, daß sie herumvagierende Komödiantin sei. Eher könnte es Werners zweite Frau gewesen sein, von der er 1800 geschieden wurde; sie heiratete dann, wie er selbst berichtete, einen Offizier. Auch die Bemerkung über den Religionswechsel der Frau kann nicht richtig sein; als Katholikin hätte sie gar nicht geschieden werden können; übrigens war ja auch Werner bis 1813 Protestant. Gewiß ist es die dritte, von der er 1805 getrennt wurde; sie heiratete bald darauf G. J. Ch. Kunth, der 1828 wirklich Staatsrat war.

⁹⁹) (Zu S. 103.) Die üblichen Charfreitagsaufführungen der Singakademie unter Zelters Leitung. Von vielen solcher Aufführungen, ihrem künstlerischen und pekuniären Erfolge spricht er in seinen an Goethe gerichteten Briefen, von der unsrigen gerade nicht.

¹⁰⁰) (Zu S. 106.) Devrient. Es ist der große Ludwig Devrient (1784—1833) gemeint, der seit 1814 Stolz und Hauptstütze des Berliner Theaters war.

¹⁰¹) (Zu S. 106.) „Der versiegelte Bürgermeister" (von Raupach), Posse in 1 Aufzug, wurde vom 31. März 1828 bis zum 15. Nov. 1834 siebzehn Mal gespielt. Im Anschluß an die Aufführung vom 16. April brachte die „Voss. Ztg." vom 23. eine lobende Beurteilung.

¹⁰²) (Zu S. 115.) Die damaligen Gewitter müssen in der Tat ganz außerordentlich gewesen sein, denn die „Voss. Ztg.", die sonst von solchen Lokalereignissen völlig schweigt, nimmt in der Nummer vom 21. davon Notiz; in der Nummer vom 16. berichtet sie übrigens noch: „In der Nacht vom 12. auf den 13. haben sich auch hier zwei Erdstöße fühlen lassen. Vgl. oben S. 114. Über die Gewitter vgl. „Estafette", Nr. 237, 19. April, und „Conversationsblatt", Nr. 82, 26. April.

¹⁰³) (Zu S. 116.) Das Dürerfest wurde in Berlin sehr feierlich begangen. Am 8. April im Wissenschaftlichen Kunstverein: Reden Hothos, Schadows, beim Festmahl: Ansprache Försters; am 18. in der Kunstakademie: Symphonie von Mendelsohn, Rede von Tölken, Kantate, gedichtet von Lebezow, komponiert von Mendelssohn.

¹⁰⁴) (Zu S. 118.) Sachs ist gewiß nicht der bekanntere Schriftsteller J. J. Sachs, der eine Biographie Mich. Beers geschrieben hat, sondern Börnes Hauslehrer Jak. Sachs, ein gebildeter Mann, der die Kinder orthodox erziehen sollte, aber selbst ein aufgeklärter Mann der Mendelssohnschen Schule war.

[105]) (Zu S. 118.) Daß Ed. Rüppel nach zehnjähriger Abwesenheit am 31. März nach Frankfurt zurückkam, meldet selbst die „Voss. Ztg." vom 5. April, ein Zeugnis von dem damals weit verbreiteten Ruhm des verdienten Reisenden, der am 20. Nov. 1794 geboren und am 10. Dez. 1884 gestorben ist. Die damalige Reise hatte der Erforschung Ägyptens gegolten, eine spätere war Abessynien gewidmet.

[106]) (Zu S. 119.) Zimmern vgl. oben Anm. 76.

Register.

Die römischen Zahlen beziehen sich auf die Einleitung.

— 139 —

Anhang.

Berlin.